構造が成果を創る

価値を構築する
ストラクチャリング
思考と手法

株式会社カクシン
代表取締役
田尻 望 著
TAJIRI Nozomu

中央経済社

はじめに
～構造によって成果を創ってきた組織～

●日本で一番生産性が高い会社は何が違うのか？

"構造" というと，多くの方には馴染みのない言葉かもしれません。この本で扱うのはまさに "構造" についてですが，読んでくださっているあなたによっては，"仕組み"・"メカニズム"・"カラクリ"・"仕掛け" という言葉のほうが理解しやすいかもしれません。

"仕組みによって成果を創ってきた組織"

こんなふうに読むほうが読みやすい場合には，仕組みと読み替えていただければと思います。

この本は，日本で一番生産性が高く，日本で一番平均年収の高い（2,000万円超）メーカーである株式会社キーエンス（以下「キーエンス」と呼んでいきます）での私の経験をベースに，同社がどのような構造で成果を上げているのかについて，私なりの捉え方をお話していきます。

暴露するというお話ではなく，キーエンスが経営のセオリーを愚直に貫き抜いているその組織の構造を，社外に出て8年経ち，15業界以上，100社，300業態を超える会社の研修やコンサルティングをさせていただいている立場から，付加価値創造，生産性，差別化という観点において，他社との "違い" を創っているその "違い" について，尊敬の意を込めて解説させていただきます。

私は，ちょうど2008年リーマンショックの時に入社し，2012年にキーエンスを退職しているので，今ではもっともっと進化していると思いますし，4年しか在職していなかったのに何がわかるのか？　と言われることがあります。

しかし，4年間のキーエンス本社での経験と，社外に出てからの8年間，中にいた期間と外にいた期間の計12年間の経験があるからこそ，わかることが

あったと思っています。私がキーエンスに12年間ずっといたとしても書けな
かったことが，この本には書かれています。

●新商品の70％が世界初の組織とは

　これを読んでくださっているあなたは，キーエンスの新商品の70％が世界初
もしくは業界初であるということを信じることができるでしょうか。しかもそ
れが過去の話ではなく，今もなお，毎年新商品を出し続けている会社の**新商品
の70％が世界初もしくは業界初**であるということを，です。

　　世界初が当たり前の組織。

　その考え方はどのようなものなのか？　どんな観点で見れば世界初が見つか
るのか？　そして，どのようにすればその世界初の新商品を作ることができる
のか？　それを仕組みで行うことができているのはなぜなのか？　について，
この本には書かせていただきました。

●全員が一流以上の成果を上げる組織構造

　私自身もそうでしたし，同期の人もそうだったのですが，集まっているのは，
素直で，真面目で，地頭よく，頑張り屋の負けず嫌いでした。一流と呼ばれる
人のような確固たる自信があり，ビジョンや人生目標があり，光り輝き，常に
独立心を備えている人たちではなかったと思います（もしかしたら私にそう見
えただけかもしれませんが）。しかし，そんな彼らも１年もすれば，一流の方
以上の**成果**を上げます。それこそ他社の営業の何倍もの成果を。

　この成果は，１人ひとりの個人の力で成り立っているのでしょうか？　私が
思うにはそうではありません。組織上の構造がそうさせています。そのような
成長はどのような組織構造の中で起こっているのか？　そんなお話もこの本の
中でしていきたいと思っています。

●最小の人の命の時間と資本で，最大の付加価値を創出する

あなたがこの本を読むことで，

最小の人の命の時間と資本で，最大の付加価値を創出する。

この言葉へと通じる観点が１つでも見つかったとしたら，この本を書いた価値があると思っています。少しだけ異なりますが，キーエンスの経営理念にも掲げられている言葉です。

実は，この経営理念について，キーエンスの社内で聴いた話があります。私自身がとても感銘を受けた言葉です。

> 売上だけ上げたいのであれば，鉄を１億で買って，１億で売ればいいでしょう。そうしたら売上は１億です。しかし，そこには価値もなければ，利益もありません。その時，そこで働く人の命の時間は何のために使われたのか？　価値ゼロのためですか？　違うでしょう？
>
> 我々がビジネスにおいてするべきことは，仕入れたものに対し，**付加価値を創り上げ**，それをお客様に買ってもらい，使ってもらい，その価値を感じていただく。その差分（仕入と購入価格と顧客の得る価値）こそが，私たちが命の時間を使って創り上げるものでしょう。だから利益なのです。付加価値なのです。

この話を聞いた時，私は大きな衝撃を受けました。実は私はそれまで，キーエンスのことを，生産性が高く，効率のよい会社であると同時に，冷たい会社でもある，という目で見ていました。

しかし，この話を聴いて，暖かさを感じたのを覚えています。この言葉から感じ，伝わってくることは，単に付加価値が大事という話だけでなく，

あなたの命の時間が生み出す価値を最大化しなさい。

そして，

あなたの会社で働く人の命の時間が生み出す価値を最大化しなさい。

というメッセージに聴こえてきたのです。

この"命の時間が生み出す価値の最大化"こそが，この本において解説して

いきたいことでもあり，学んでいただきたいことであり，私自身も一生をかけて学ぼうとしていることなのです。

　私は，この本を通じて，欧米的な"資本主義的"な考えと日本の"心主義"と呼べるような経営の中間である，**「価値主義」**を説いていきたいと考えています。日本には，どこか「会社が利益を得ることは美徳に反する」という考えがあるように思えます。しかし，これは，鎖国していた日本が他国と比べられることのない状態を担保できているからこその話で，利益が出せていない会社の行先は衰退をたどります。だからといって，資本主義的な判断だけでは日本人は動かない傾向が強いと思っています。

　その中で，"命の時間が生み出す価値の最大化"という考えから，価値とは何か？　何のために命の時間を使うのか？　どうしたら命の時間が生み出す価値を最大化できるのか？　と考えることは，多くの方に**大事である**と考えていただけるのではないかと感じているのです。

　「会社が利益を得ることは美徳に反する」という考え方は，これからお話する付加価値主義経営の逆です。厳しい言い方になるかもしれませんが，付加価値を創出することができていない事業・商品は，そこで働く従業員の人たちの命の時間を失わせてしまっています。**本当はその命の時間はもっと価値のあることに活用することができた**，と考えられるのです。

　わかりやすい例が赤字事業・商品です。もちろん，戦略的に先に投資をかけて赤字にしているというのは問題ないと思います。しかし，実質赤字の事業や商品というのは，単に利益がマイナスという話だけでなく，お客様・市場のニーズをしっかりと聴くことができず，付加価値を創ることができず，価値を伝えることができず，付加価値を提供することができておらず，結果として利益を得ることができていないわけです。そして，そこで働いていた人たちの命の時間を無駄に使ってしまったということにもなるのです。

　この本を読んでいるあなたは，経営者かもしれませんし，組織のリーダーか

もしれません。だからこそ，この"付加価値"という考え方を知っていただきたいと思います。

　この「付加価値とは何か？」については，この本の中ではたくさんの場所でお話しています。実は，キーエンスで私が学んだ付加価値の考え方と，これまでの日本で考えられてきている付加価値の考え方とは，そもそもの"構造"自体が異なります。この付加価値の考え方・捉え方を理解する人が増えれば，日本が変わるとまで思っているくらいです。

　2021年6月

著　者

目　　次

第3章　ストラクチャリング思考

第4章　価値構築経営の構造
～Structure of Value Construction～

第5章　価値の根源：ニーズ探索の構造

第6章　価値創出の構造

第9章　構造によって価値を生み出した事例

第 1 章

構造が挙動を創り，
挙動が成果を創る

1　私たちも組織も構造によって動かされている

私たちは，構造によって動かされています。

そんなことを言われても，すぐには理解しにくいかもしれません。

1つ例を出してみましょう。あなたは，このドアノブを見た時，どのように
ドアを開けますか？

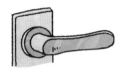

そうですね，**下げて**，前に押すか，手前に引いて開けますね。

では，このドアノブだったらどうでしょうか？

そうですね，**右に回して**，前に押すか，手前に引いて開けますね。

「何を当たり前のことを言っているのか？」と思われているかもしれません。
私が講演でこの図を見せながら話す時も，最初はみなさん，そのように思われ
ます。

何が言いたいかというと，

<構造が挙動を創る>
人は，物理空間上に，ある一定の構造があると，
その構造に沿って，挙動をする傾向が高くなる。

ということです。

　私たちはドアを開ける時，"ドアを開けている"と意識している（または無意識に開けている）はずです。つまり，**自発的行動**と考えています。

　しかし，少しイメージしていただきたいのですが，そのドアが，もし**なかった**としたら，その行動（挙動）はしたでしょうか？　あなたがパントマイマーでもない限りは，ドアのないところでドアを開ける行動などしないはずです。

　ということは，私たちは，"ドアを開けている"という**自発行動**であると意識しながら（もしくは無意識に），本当は，"ドアという構造に，開けるという行動をとらされている"ということになります。つまり，**構造に挙動を取らされている受動行動**なのです。

　そのように気づき始めてみると，たくさんの構造に私たちは動かされていることにまた気づきます。周りのものの多くが構造に見えてくるようにもなります。

❷　構造が成果を創る

　私たちが構造によって動かされていることはわかりました。

　では，挙動は何に影響を及ぼすのでしょうか？　それは，挙動の先にある成果です。ここでいう成果とは，「付加価値の提供」と捉えていただいてかまいません。

　この本を読んでいるあなたは，この"成果"について，次のようなことを聞いたり教えてもらったりしたことがあると思います。

- 成果を出すためには，あなたの行動を変えなければならない。
- もし思考やマインドが変わったとしても，それが行動にまで落とし込まれないと意味がない。
- 同じことを繰り返し行い，違う結果を期待することを狂気という。だから行動

を変えなければならない。

これらの教えは，**行動（挙動）が成果を創る**，ということを表しています。そうすると，次のことに気づくのではないでしょうか。

構造が挙動を創る
↓
挙動が成果を創る
↓
構造が成果を創る

つまり，挙動が成果を創る，その成果を創る挙動を，構造が創るのであれば，**構造が成果を創る**ことが可能です。

この本の題名にもある"構造が成果を創る"は，この，構造が成果を創るということを解説した本であり，この本に書いてある構造を活用することで，「あなたはどんな成果を創り出す構造を創るのか」についての答えを探してもらいたいと考えています。

余談ですが，キーエンスの社員は1年目で年収600万円，2年目で1,000万円を超えてきます（時期によりますが…）。その社員たち**全員に**，その年収をもらうだけの**人格や能力やスキル**があったのかというと，私はNOだと思います。では，なぜその年収をもらうだけの成果が出せるのか？ その答えが，この"構造が成果を創る"ことだと考えています。セールス構造，マーチャンダイジング構造，販売促進構造，商品企画構造，商品開発構造，人事構造，経営理念，つまり，組織構造のすべてがお客様に価値を提供するための構造になっており，社員1人ひとりの行動も，構造によって成果を上げることができるようになっている，と感じています。

③ 構造が成果を創った例

　あなたもこれまで，構造によって人が動き，成果を出しているのを見たことがあるのではないでしょうか。例えば，

- 階段の右半分に進行方向の矢印を描くと，上りと下りに分かれて右側通行の流れができる
- 駅改札前に書店があると，ちょっとした待ち時間に本との出会いを楽しめる
- レストランの初期セッティングにシャンパングラスが置いてあると，シャンパンを頼みたくなる

というようなものです。

　もう少し具体的なこととして，例えば，"アップルショップの76度"というお話は聞いたことがありますか？

　76度とは，アップルショップに展示されている iPhone の展示角度のことです。76度とはどのくらいの角度かというと，

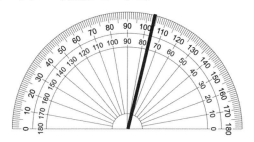

これくらいです。

　イメージしていただきたいのですが，この角度で置かれているところで，近くで見ると，**とても見えにくい**のです。通常，展示物は見えやすい角度で置きます。しかし，展示物にもかかわらず，見えにくい。見えにくいから，お客様

は**近くにいって，手にとって，**触って，操作してみます。そして，人は触って確かめてみたものには安心するという傾向がありますので，一定数の**購入につながって**きます。

　構造が成果を創るという観点から見ると，次のようにまとめられます。

---

(1)　店舗内の構造が成果を創る
- アップルショップの店員さんは，iPhoneを76度に置く（構造を設置）
  ↓
- お客様はそれが見にくいので，手に取り，触って，操作した（挙動）
  ↓
- お客様は触ったiPhoneを体験し，気に入って，買った（成果）

(2)　戦術レベルの構造
- iPhoneを76度で置くというルールと，76度の分度器というツールを作り，全員が取り組めるようにした（構造を設置）
  ↓
- 店員さんたちは，ルールどおりに，iPhoneを設置した（挙動）
  ↓
- 店舗内で，(1)が起こり，購入が増えた（成果）

　こういった例は，世の中にはたくさんあります。もちろん，あなたの会社でも起こっています（それが成果を導いているか，成果を減らしているかは別として）。

　逆に，よくない結果をもたらした例も紹介しておきましょう。
　あるキャリアショップでの例です。もともとの狙いは，お客様のためによかれと思って作った構造でした。

●ウォーターサーバーを設置した，キャリアショップの例
・店舗にウォーターサーバーを設置（構造を設置）
　↓
・お客様はウォーターサーバーがあるので水を持ってきてもらえると思い，"水を持ってきて"という要望が増えた（挙動）
　↓
・要望に応えないとクレームになるため，お客様に水を持っていくという業務が増えたが，それによる売上は特に増えなかった。さらに，業務が詰まっている時に，水を持っていかなかったお客様からはクレームをもらった（結果）

　とても簡単にまとめていますが，ウォーターサーバーがなければ起こらなかったクレームや業務が，そのウォーターサーバーを置いたことで起こったのです。

　多くの方が，何かの問題を解決し成果を出そうとする時や，サービスを創る時には，"何かを付け足す"ことが多いのですが，このパターンは逆に付け足したことが，成果を減らしてしまったのです。

4　構造とは何か？

　この本で扱う「構造」の定義は幅広く，物理的な構造もあれば，物理的でない構造もあります。

　物理的な構造といえば，先ほど紹介したドアノブの例もそうですが，モノの配置なども重要な構造です。

　ある会社で，2人のマネージャーのコミュニケーションの頻度が少なく，行き違いが何度も発生し，業務の進捗に影響が出ているという問題がありました。経営陣は2人のマネージャーに，もっとコミュニケーションを取り合うよう指示しましたが，問題は改善されませんでした。

　そこで，2人の1日の行動を聴いたところ，その2人のマネージャーは顔を

8

構造とは何か？

＜物理的構造＞	＜物理的でない構造＞
ドアノブ	価値観（パラダイム）
モノの配置	言葉の定義
距離	ゴール・目標
高さ	自己組織化の構造
角度	意思決定方法
席の配置	ルール
地理的ロケーション	情報の流れ
鏡の位置・角度	フィードバック・ループ
自動センサー	時間的遅れ
	・・・etc

合わせるタイミングがなく，席も遠いということがわかりました。朝来てから帰るまでの動線に交わる点がなく，かつ，席も遠いため，短時間で終わるような打ち合わせも，時間を調整してミーティングを組まなければならないという状態だったのです。

　そのことがわかったため，2人の席を近くしたところ，問題は発生しなくなりました。席の配置は，コミュニケーションにも影響を及ぼすこともあるのです。

　一方，物理的でない構造とは，私たちの頭の中に情報として存在しているものです。例えば，人が決めたルールも，この本では構造として扱います。

　例えば，道路交通法というルール（構造）があるので，私たちは，赤信号を見たら止まりますし，車を停める場所も選ぶようになりますし，制限速度以上の速度を出さないようになります（挙動）。

　その結果，安心して生活することができています。

　この本では，その成果の出る仕組みの再現性を高めることにも，気づきを得てほしいと思っています。

5 誰でも10億通りのパターンを 簡単に覚えられる

　構造を理解するということができると，記憶力もよくなります。

　例えば，あなたは"10億通りのことを覚えてください"と言われたら，どう思うでしょうか？　「無理でしょ！」と思うでしょう。しかし，例えば，あなたがショップ店員で，先輩から次のようなことを言われたとします。

　「このショップのアイテムには，帽子，メガネ，ネックレス，時計，アウター，シャツ，パンツ，靴下，靴があります。それぞれ10種類以上あるから，コーディネートのパターンを覚えてくださいね」

　どうでしょうか？　少しは時間がかかるかもしれないけれど，そんなに難しくはないな，と思うかもしれません。

　実は，このコーディネートのパターンは10億通り以上あります。帽子10種類とメガネ10種類だけでも，$10 \times 10 = 100$通りです。アイテムは全部で9つありましたから，10の9乗で10億通りです。

　最終的なコーディネートのパターンは10億通り以上あるのですが，覚えるべきアイテムは，帽子，メガネ，ネックレス，時計，アウター，シャツ，パンツ，靴下，靴の9つのアイテムがそれぞれ10種類程度なので，90個ということになります。

　私たちは知らず知らずのうちにたくさんのことを記憶しています。

　例えば，平仮名という構造は50音ありますから，"こ・ん・に・ち・は"という言葉だけで，50の5乗で3億1,250万通りのうちの1パターンとして私たちは認識できています。

　仕事や情報が複雑になるにつれて，物事を構造として捉えることが難しくなっていますが，やるべきことは変わりません。物事を大きく抽象的に捉えることも大切ですが，詳細に解像度を上げて認識をしていけば，構造が見えてく

るのです。

　そして，私が思う重要な問題は，**数多くの組織や仕事が複雑化してしまったため，構造として考えることを諦めてしまっている**ということなのです。構造として考えることを諦めた組織で出てくる言葉は，

　"（たくさんパターンがありすぎるので）**臨機応変に，状況を見て，各自判断してください**"

という言葉です。もしあなたの組織で，この言葉が聴こえてくるのであれば，この本を，管理職にも読ませたほうがよいでしょう。

　臨機応変は素晴らしい言葉です。特に新規事業立ち上げの時には，この臨機応変ができる人というのはとても役に立ちます。しかし，これでは，仕事を覚えるのも習熟するのも，組織成長も遅くなってしまいます。何より，構造化して考えないという状態では，仕組み化やシステム化，そして AI 化，DX もまったくうまくいきません。つまり，パターン化できるものをパターン化しないから，システム化も AI 化もできないのです。

　このことについては，第 3 章で，構造化のための思考方法としてご紹介しています。

第 2 章

なぜ，構造で成果を出すことができないのか？

なぜ，構造で成果を出すことができないのか？　その理由を知らなければ，構造で成果を出すことへの第一歩が始まりません。この章では，多くの人や組織が陥る，構造で成果を出すことができない理由をお話していきます。

1　自分なりに正当化された観念（解釈や私の感情）

構造で成果を出すことができない理由の１つ目のハードルは，「自分なりに正当化された観念」（という解釈や感情）です。

最近は，「あなたの意見を持ちなさい」「自分を主張しなさい」という意見が増えてきました。決して悪いことではないと思うのですが，自分自身の解釈と感情を盾に，成果を生むための構造変革に対して枷となるポジション（ポジションも構造の１つです。以下「枷ポジション」と呼びます）を作ろうとする姿勢が見受けられます。

組織内の話でいえば，自分の仕事が否定されたように感じるという感情や，新しいことを始めることが面倒だという感情によって，構造の中に，**変えることができないように見える枷ポジション**を作ってしまいます。

構造は連鎖しているため，１つでも不変な構造があると，全体も変えることが難しい状態になってしまいます。成果を生む構造の構築には全体変革が伴いますが，この時，変革者である経営者も，現場の詳細な構造がわかっていないため，現場意見を尊重し，妥協し，変革を諦めてしまいます。

しかし実際は，変えることのできない構造などはありません。"変えることができないように見える枷ポジション"の正体は，自分なりに正当化された観念（解釈や私の感情）であることが多いのです。

例えば，今回の新型コロナウイルスの影響で，日本社会の中から大きな１つのポジションが浮き彫りになり，その枷ポジションが変革されようとしています。

それは，"ハンコ"です。「日本の文化」「信頼の証」「物理的法的根拠」など，

さまざまなメリットもありました。しかし，

- ハンコがあるから出社しなければならない（テレワークできない）
- ハンコがあるから紙を印刷しなければならない（ペーパーレスできない）
- ハンコがあるから給付金の支給が遅い（電子化できない）

など，現代社会では考えられないほどの弊害も生んでいます。

　法的根拠やセキュリティなどの問題は解決しなればなりませんが，この"変えることのできないように見える枷ポジション"が変革する中で起こる新たな市場構造の変化は，たくさんの価値を生むことになります。

　こういった事例からいえるのは，構造改革によって成果を出すためには，その構造改革の主体者は，「自分がどう考えるか？」という解釈や「自分がどう感じたか？」という感情の前に，全体を俯瞰する観点が必要になるということです。その全体を俯瞰する時に，自分自身の解釈や感情を切り離すことができていなければ，最適な構造を構築するという考えにならないのです。

　そして，その構造全体をよく理解したうえで，今度は**詳細な事実**を考えなければなりません。私が考えるに，詳細な事実を突き詰める力が，キーエンスにいる人たちはとても強いようです。**"総論賛成，各論反対"**を**"総論賛成，各論賛成"**に変えないといけないのです。そのためには，この詳細な事実を突き詰め，リーダー側が，現場の変革が可能であるということを確信しなければならないのです。

　もし，あなたの組織の中で，構造改革に携わる人（管理者クラス）に，自分の枷ポジションを守ろうとする人がいたとしたら，その考えを改めさせるか，ポジションを変えることをお勧めします。ゼロベースで考えれば，枷ポジションをとる人と反対側の考え（変革可能であるという考え）も必ず存在するからです。

2 臨機応変な対応の大半は，実はパターンが多い作業である

　構造で成果を出すことができない理由の2つ目は，"臨機応変"です。

　臨機応変という言葉が美徳として使われる日本において，この言葉を否定するようなことを書きたいわけではありません。また，いろいろな作業はすべてパターン化して，臨機応変さはなくしてしまえばいいというような乱暴な話でもありません。

　以下では，臨機応変とはどういうことか？　作業とは何が違うのか？　それは構造が成果を創ることにどう結びついているのか？　について考えていきます。

　私と一緒にお仕事をさせていただいた方に，一流のホテルマンとして働いてきた方がいらっしゃいます（仮にMさんとします）。今Mさんはサービス業界の研修講師として，実績も高く評価されています。

　ある研修で，Mさんが，一流のサービスについて次のような実際の事例をお話されていました。

　私がホテルのレストランで働いていていたある時，お歳を召した（60～70歳くらい）方がご来店されました。お席にご案内し，椅子に腰掛けられてしばらくすると，カバンの中をゴソゴソされ始めたのです。
　さて，あなたならどうしますか？
　いろいろあるかもしれませんが，こういう場合，その方は，"薬を探されている"ことが多いです。そのため，常温の水を持っていってあげると喜んでいただけるかもしれません。
　実際，私は水をお持ちして，お客様に喜んでいただけました。

　臨機応変な対応をされた，素晴らしい話だと思います。

　ではこの事例から，どのようなことがいえるでしょうか？

　年齢を見て，60歳以上の方が，席について，カバンをゴソゴソし出したら，常温の水を持っていく，ということでしょうか。これだけでいえば，作業ですね。

　臨機応変はどこに働いたのでしょうか。構造で成果を創るということからすると，どう考えればいいのでしょうか？

　私の考える臨機応変とは，**作業を生み出す思考と行動を起こす力**だと考えます。

　「年齢を見て，60歳以上の方が，席について，カバンをゴソゴソし出したら，常温の水を持っていく」，この"作業を生み出す力"そのものです。相手のことを知り，相手の困ったことを解決するためにできることはないかと考え，自ら答えを出す思考と，その答えを実行する行動力こそが，"臨機応変"であると考えます。

　では，臨機応変によって生まれた作業はどうなるでしょうか？

　多くの組織は，**その作業を忘れます。**再現しようとはしません。

　しかし，構造によって成果を創る組織は，その**臨機応変から生まれた成功事例を，分析し，パターン化し，再現可能にします。**

　その再現を実現する手法は，マニュアル化であったり，研修であったり，訓練であったり，ツールにするという方法であったりとさまざまですが，再現可能にしているのです。

臨機応変→作業→忘れるという組織

成功例が蓄積されず，成果を得るのは臨機応変ができる人だけ

臨機応変→作業→再現（構造化）という組織

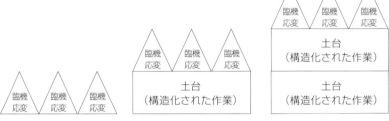

成功例が蓄積され，臨機応変ができない人でも高い成果が得られている

　これができているか否かで，年月が経つに連れて，とても大きな差ができていくのです。

3 複雑に絡まる構造 〜起こっている問題自体に問題がない〜

　構造で成果を出すことができない理由の3つ目であり，多くの人がつまずくのは，"複雑に絡まっている構造の中から真の問題を見つけることができない"ことです。

(1) パワハラをしてしまった上司

　ある会社のプロセス管理部門で，Aさんがうつになるという問題が起きました。Aさんは管理職からのパワハラを主張しました。

　管理職を問い詰めると，"絶対休むな"とAさんに言っていたことがわかりました。さて，こんな時，どうするでしょうか？

　おそらく，多くの会社では，下記のような状況の分析をして，

次のような対処をします。

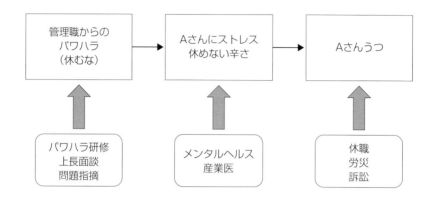

そうすると，どうなると思いますか？

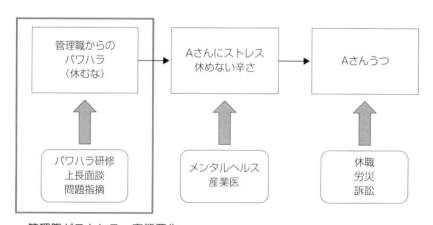

管理職がストレス→事態悪化

　そう，管理職にストレスがかかってしまい，事態が悪化する可能性が出てきます。問題に対処しようとしたら，別の問題が出てきてしまうのです。
　いったい，どういうことなのでしょうか？　これは，問題に対する構造分析の観点に問題があるのです。

例えば，この例の構造は，線形ではなく，循環形だったのです。

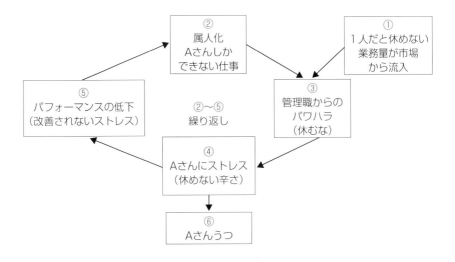

① 1人だと休めない業務量が市場から流入する。

② その流入した仕事に**属人化した仕事**があり，Aさんしかできない。

③ ①と②の状態から，管理職はAさんに「絶対に休むな」と伝える（パワハラ）。

④ Aさんにストレスが溜まる。

⑤ Aさんのパフォーマンスが低下する。

⑥ ②～⑤の繰り返しの末，限界に達した時，Aさんがうつになるということが発生する。

この事例を，「構造が挙動を創る」という観点から見ると，管理職もまた，①の市場構造と②の社内構造の影響によって動かされているということがわかるでしょうか。

つまり，この場合，管理職に対するパワハラ研修は対症療法でしかありません。そのため，①もしくは②を解決しない限り，この問題は解決しません。

解決策としては，以下のようなことが挙げられます。

> ①の問題に対する解決策
> 　価格アップなどを行うことでの粗利の確保を前提とし，仕事の受注量の調整を
> かける。
> ②の問題に対する解決策
> 　属人化を解消するために，Ａさんの仕事を構造化し，他の人でもできるように
> する。

※Ａさんの仕事内容によっては，構造化には時間がかかります。そのため，当初行っ
　ていた，パワハラ研修やメンタルヘルスなどの対症療法も同時に行うことも検討
　しましょう。

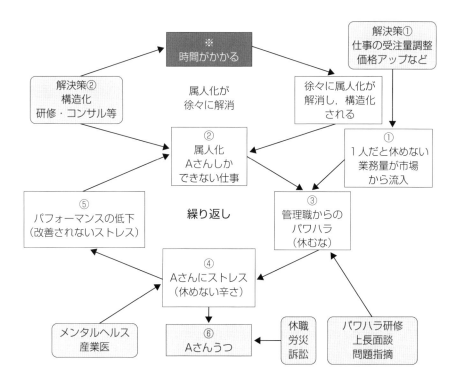

　上記の解決策を実行すると，①もしくは②の構造がなくなるため，管理職が
Ａさんに「休むな」と言う必要性がなくなります。そのため，Ａさんへの休め

ないストレスはなくなり，この問題は発生しなくなります。

「解決策①と解決策②は，具体的にどうするのか？」という疑問があるとは思いますが，それは第3章と第4章で示す方法で解決していけます。

"複雑に絡まっている構造の中から真の問題を見つけなければ，根本解決にはならない"

その真の問題は多くの場合，線形構造ではなく，循環構造や循環の連鎖構造の中にあります。

私たちは，日常的に目に見える範囲のロジックで問題を解決しようとしがちです。一見すると辻褄が合うように思えるため，解決できると信じてしまうのです。ですが，それではまた同じ問題が繰り返されてしまいます。複雑に絡まった真の問題の一角が表面化しているにすぎないからです。

そのため，**問題を構造として認識する力**が必要であるということです。

この力は一朝一夕に身につくものではありませんし，私自身も発展途上ですが，この観点を知っているかいないかは，問題を構造として認識する力を向上させていくにあたって本当に重要なことです。

問題を構造として認識する力を向上させるための思考方法は，第3章で解説しています。

(2) 営業と開発が仲違いするのは組織構造の問題

構造で成果を出すことができない理由の1つに，"組織構造"があります。

例えば，営業と開発が仲違いをしているという話をよく耳にします。

「うちの営業は営業力があまりないのです。だから売れないのです」

「あれは，開発が作った製品が，お客様のニーズに合っていないのです」

というような話です。

こういう話を経営者の立場として聞くと，「ああ，うちの営業と開発は仲が悪いな。相手のせいにし，他責になっている。自分に責任があるということを教えなければ！」というように捉え，お互いの長を呼び出し，指導をしたり，

自責になるための自己啓発の研修を受けさせたりします。しかし，すぐにまた仲違い（他責）を始めてしまいます。つまり，問題が解決されないのです。問題が解決しない理由は“観点”です。真の問題を捉えられていないからです。これは何が問題なのでしょうか？

実はこれも構造の問題なのです。
これは，

　“本来あるべき役割・責任が，組織構造の中に存在しない”

ということから起きています。
　営業と開発の役割と責任を言語にすると，次のようになるでしょう。

● 営業の役割・責任：商品価値を訴求し，ご購入いただくこと
● 開発の役割・責任：商品を技術的に創り上げること

　さて，お客様の得る **“付加価値”** を創り上げる責任はどこにあるのでしょうか？
　営業は，商品の価値を訴求し，ご購入いただくことに責任があり，開発は，商品を技術的に創り上げることに責任があるのだとすれば，営業と開発しかない組織には，商品の価値（この商品を使うことで，どのように使われ，どう役に立つか？）を創り上げることに責任を持つ部署がない，ということになります。
　つまり，営業と開発しかない組織で，営業と開発が他責をし合うのは当たり前なのです。両者ともが，**“存在していない役割と責任”** を指摘し合っているからです。
　通常は，この**役割は経営者**が担っています。どんな役割かを，少し砕けた表現で書くと，次のようになります。

"ほら！　あそこに困っとる人がおる！　こういう商品創ったら，あそこにおる人が助かるやろ！　だから開発はこれを創ってくれ！　営業はこれをあの人に届けるんや！"

　この役割が，キーエンスでは，**"商品企画"** として，明示的に存在しています。

　しかし，組織が大きくなり，経営者は徐々に権限移譲をしていく中で，この**"商品価値を創り上げることに責任を持つ役割"** を組織構造の中に創ることなく，退いてしまうのです。そうすると，この問題が浮き出てきます。

　実際，私はキーエンスの中で，開発と営業で責任の押し付け合いをしている姿など見たことがありませんし，今でも聴いていません。

(3)　経営者が意思決定できない本当の理由

　あなたは，日本人が優柔不断で，意思決定ができないと，海外のほうから見られているという話を聴いたことはあるでしょうか。

　海外の会社との交渉中に意思決定を迫られた時，「社内で検討し，回答します」という状況になってしまうことが多くあるため，そのように言われてしまうのですが，これは本当に日本人が優柔不断だからなのでしょうか？　なぜ，「社内で検討し，回答します」ということになってしまうのでしょうか？

　それは，その人が優柔不断なのではなく，**検討しなければならない社内構造**があるからです。その例の1つは，**決裁権＝意思決定構造**だったりするのですが，その**決裁権を持つ代表者**でも「社内で検討し，回答します」という状況はよく起こると聞きます。なぜなのでしょうか。

　それは，会社内の業務が構造化されておらず，データ化されていないため，交渉条件を出されたとき，その交渉条件を飲んだ時の影響（納期や原価）を瞬時に正確に計算できず，長時間の検討が必要になってしまうからです。

　この状況では，いくら決裁権を持った代表者であっても，検討期間をつくらざるを得ません。しかしその場合，この検討期間中に，他社に案件を持っていかれてしまうのです。

　では，どのように解決すればいいのか？　それは，先に出てきた臨機応変・属人化の解決に全力を当てることです。

	整地されていない仕事	価値創造が作業レベルで見える化	見える化した作業をシステム化する	システム化した作業をAI化する
道具	ほうき（人の手・紙）	掃除機（PC・エクセル）	掃除機+お掃除ロボット（システム・一部AI）	お掃除ロボット大活躍（多くの仕事がAIへ）
仕事	臨機応変属人化	プロセス化	システム化	AI化
変化	なし	価値創造と非価値創造の区別	時間場所を選ばないテレワークなど多様な働き方も可能に	大幅な効率UP

中小企業および大企業の現場レベルで困っている変化

大企業レベルで困っている変化

日本の会社でほぼ到達ができていない変化

　臨機応変には価値があります。それは間違いのないことです。しかし，その臨機応変を尊重するあまり，作業レベルでの見える化ができておらず，その結果として自動化ができない状況にあります。

　上図では，お掃除ロボットを例にしています。お掃除ロボットがすべての掃除をしてくれたとしたら，私たちの掃除をする時間はなくなります。

　しかし，**お掃除ロボットを土の上で使ったとしたら**，どのような結果になるでしょうか？　そうですね，まったく意味がありませんし，壊れます。では，整地されていない土の上で掃除機を使ったらどうでしょうか？　実際には，これも土を吸うだけになってしまい，意味をなしません。

　では，掃除機をうまく使おうと思うと，どんな場所で使えばいいでしょう

か？　部屋の中やオフィスなど，“人の作った仕組み”の中では，掃除機は役
に立ちます。しかしこの時，お掃除ロボットはどうでしょうか？　部屋の広い
ところはできるかもしれませんが，部屋の端っこや椅子の間などは掃除ができ
ません。

　もし，そこまでお掃除ロボットに自動で掃除をして欲しいのであれば，部屋
のすべてをお掃除ロボットが入れるような空間にしておくか，お掃除ロボット
をもっと小さくする必要があります。これはどちらも難しいように思えますが，
後者は技術的な開発にとても時間がかかってしまい，現実的ではないことが多
いです。一方，前者の“お掃除ロボットが入れるような空間にしておく”とい
うことは，その部屋の設計時から，お掃除ロボットが活躍できるように考えて
おけば，比較的容易にできるものです。

　ここまでの例で，仕事についてどのようなことがいえるでしょうか？
① 　臨機応変では，見える化とシステム化も自動化もできない。
② 　見える化ができれば，システム化ができ始めるし，自動化もできるよう
　　になる（部屋の真ん中をお掃除ロボットが掃除する）
③ 　自動化をするには，仕事の構造を根本から変えるほうが容易（システム
　　が作業を行うという，自動化を前提とした仕事構成）
ということです。

　私が思うに，世界では③が進んでいると思います。作業は臨機応変に人が行
うものではなく，システムが作業を行い，システムができないことを人が臨機
応変さで支える。これらの考え方は次章で扱います。

第3章

ストラクチャリング思考

1 問題を“人”にしない考え方

　何か問題が起こった時，多くの場合で，問題を起こした責任は“人”にあるとしてしまいます。

　しかし，第2章での事例（パワハラをしてしまった管理職）は，本当に“人”が問題だったでしょうか？　実際には，問題となる行動を起こした本人よりも，その人を取り巻く構造（本人が抗えない市場構造と組織構造）が問題ではなかったでしょうか？

　もし，これを“人”のせいにしてしまったとしたら，パワハラをした管理職はどのように責任をとらされてしまうのでしょうか。左遷されたり，降格されたり，退職に追い込まれたりするかもしれません。家族を守っていくという責任を負いながら，そんな構造の中に追い込まれてしまったとしたら，どんな行動をとることが予想されるのでしょうか。その人の配偶者の行動はどのようになるでしょうか。子どもの行動は，人生はどうなるのでしょうか。そんなことが，連続的に連鎖的に起こってしまう社会とは，優しい，幸せな社会なのでしょうか。それが私たちの目指す姿なのでしょうか。

　“人”は問題ではない。

　私は，これほど厳しく，難しく，でも優しい考え方はないのではないかと思います。

　私たちは，何を間違ったのか，問題が起こった時にはそれを解決しようとせずに，**責任という旗の下に，罪人を探す**ということが習慣になっています。そのような光景をみると，悲しみを覚えます。構造が挙動を創るのであれば，その行動を起こさせてしまった構造にこそ，大きな問題があるのです。

　もしかすると私の執着かもしれないのですが，“人”のせいにしたくない，

正確には，"人という存在"のせいにしたくないのです。

　なぜ，構造にこだわるのか。

　私には，小学校に入る前からの1人の幼なじみがいました。小学校も中学校も同じ学校で，高校は違ったのですが，同じ塾に通っていました。高校を出てからは少し疎遠になり，時折集まった時に話すくらいだったのです。しかし彼は，今では会うことができなくなりました。リーマンショック後の就職難でこの世を去りました。ストレス性の心筋梗塞だったということを聴いています。

　多くの場合，人はここで，"人"のせいにするのです。「家族が彼を苦しめた」「友人が彼の話をもっと聴いてあげていればよかった」「彼が彼自身を責めたせいだ」と。
　私も，彼がこの世を去った後，しばらくは（もしかすると今も）自分を責めました。もう少し自分に何かできることがあったのではないかと。
　しかし私は，近年の文化の変化を見て気づいたことがありました。彼を苦しめたこと，それは，**"雇用されることが唯一の正義"**であるという社会構造だったのではないか。彼は，その正義を胸に，その正義によって自らを責めてしまったのではないか。
　何が彼を苦しめたのか，今となっては誰にもわかりません。ですが，これを彼や彼の家族のせいにしていいのでしょうか。
　もし，あなたも，問題は"人"ではない，というこの考えや思いに共感いただけるとしたら，これらの悲しみの連鎖を止めることを一緒に考えて欲しいと，真剣に思っています。

　少しでも多くの方がこの考えを持ち，もう一度自社の組織構造，社会構造を，**"人"**のせいではなく，**"構造"**の問題として考えてもらえたとしたら，人に優しい，幸せな社会が作られていくのではないかと思っています。

2 ストラクチャリング思考

　ここからは，構造が成果を創るということを実践していくために大切な思考法として，「ストラクチャリング思考」について述べていきます。第4章では，構造が成果を創る方法を事例とともに解説していきますが，このストラクチャリング思考は，その理解を助け，その構造の再現性を高めてくれるようになります。

　ストラクチャリング思考は，次の3つの思考方法の組み合わせにより成り立ちます。

・ファクト思考　～解釈を事実化する～
・構造化思考　～事実の連鎖を構造化する～
・パズル思考　～構造を入れ替えた後の変化の予測～

　以下，それぞれ説明していきましょう。

3 ファクト思考～解釈を事実化する～

　ファクト（Fact）とは事実という意味で，ファクト思考とは，物事を事実として捉える思考方法のことを指します。

　ファクト思考では，曖昧さを極力取り除き，事象化，数値化します。例えば，次のような例は，ファクト思考によって考えられていません。

在庫と品切れの問題①

1日に数個売れる商品があります。

今在庫は30個あります。

発注すると数時間後に注文書が発注先に届きます。

発注後の納期は数日です。

さらに納品までに1日，配送時間がかかります。

1ロットは100個からです。

最小の在庫かつ品切れをしないためには

いつ，発注しますか？

あなたはこの問題を解けるでしょうか？

最小の在庫で，かつ品切れをしない。これは経営にとって大切な考えです。品切れをすれば，お客様の購買機会の損失が生まれるため，売上が落ちます。最小の在庫でなければ，在庫過多になってしまい，キャッシュフローが悪くなります。そのため，この問題を解くことは経営にとってとても大切なのですが…。

お気づきのとおり，この問題はこのままでは解けません。

● 1行目　→　数個とはいくつなのか？

● 3行目　→　数時間後とは何時間後なのか？

● 4行目　→　納期の数日とは何日なのか？

● 文中なし　→　発注先は，何時まで注文書を受け付けてくれるのか？

これらがわからない限り，この問題は解けないのです。

それでは，次を見てください。

在庫と品切れの問題②

1日に5個売れる商品があります。

今在庫は30個あります。

発注すると1時間後に注文書が発注先に届きます。

発注先は15時までの受付です。

発注後の納期は3日です。

さらに納品までに1日，配送時間がかかります。

1ロットは100個からです。

最小の在庫かつ品切れをしないためには

いつ，発注しますか？

前ページの不明な箇所を数値で示しました。
そうすると，答えとしては〝2日後の14時まで〟となります。

計算方法

　納期3日＋配送1日ですので，発注してから4日後に納品されます。1日に5個売れる商品ですので，発注後から納品までの4日間で20個売れます。ということは，20個以上在庫がある状態で発注しなければ，品切れが起こることになります。今30個ですから，在庫が残り20個になるのは，2日後です。

　また，発注先は，15時まで受け付けてくれて，注文書が届くのに1時間かかるので，2日後の14時までに注文書を出せばいいということになります。

　さて，ここでの論点は，この計算ができるかどうかではありません。**問題①の状態から問題②の状態へ〝変化させる時間〟が問題なのです。**私たちはどれだけの時間で変化させることができるでしょうか。

　売れる個数は，統計を使って計算したら出てきそうです。エクセルがしっか

りと組める人であれば，１時間くらいでしょうか。受け付けてくれる時間も，すぐに回答がもらえそうです。

　納期はどうでしょうか。発注先の担当者に聴いてみると「どの品番ですか？」，「ちょっとお待ちくださいね，問い合わせますので」といって，数時間から翌日までかかってしまうこともあると思います。そうすると，この問題の解決には，１日以上かかってしまうことがあることになります。

　これを何度も繰り返し行うことは“ムダ”ではないでしょうか？
問題は，この①から②へ変化させるための時間をムダと考えずに，ちょうどいい言葉で誤魔化して，仕方ないものとして放置してしまうことです。また，そのちょうどいい言葉は，“コミュニケーション”と捉えられています。つまり，“私たちはコミュニケーションを通じて問題解決をしているので，大丈夫”と安心してしまうのです。このようなコミュニケーションを繰り返すことにより，その時間に解決できた別の問題が解決できなくなってしまうのです。

　キーエンスでは，問題①から問題②への変化のことを，“ムダ”と捉えているように感じました。そして，**最初から問題②の会話をしなさい**と。そうすれば，答えを出すまでの時間はゼロ秒（エクセルの計算式で自動計算）です。

　かたや，数時間～１日のコミュニケーションをかけて問題解決をする組織と，かたや，ゼロ秒で問題を解決して残りの時間を別の問題解決に向ける組織では，生産性に大きな差が出るのはご理解いただけるでしょう。

　また，ファクト思考では，数値化という観点だけでなく，解釈や感情も取り除いて物事を捉えます。
　例えば，コップに水が半分入っている絵を見せて，

「どう見えますか?」と聴き,

- コップに半分しか入っていない(ネガティブな解釈)
- まだ半分もコップに残っている(ポジティブな解釈)

などと答えてもらいます。

人の解釈には,含まれる感情も付随して浮かび上がってきます。

- コップに半分しか入っていない → 悲しい(ネガティブな感情)
- まだ半分もコップに残っている → 嬉しい(ポジティブな感情)

これはよくあると思うのですが,解釈や感情は時として最適な判断の妨げとなります。それがポジティブであったとしてもネガティブであったとしても,です。

ファクト思考では,

- コップの満タン量は500ml(事実)
- コップに半分,つまり250ml の水が入っている(事実)
- コップは机の上に置いてある(事実)

というように捉えます。

ネガティブな解釈でもポジティブな解釈でもなく,感情も加えず,ありのままの事実のみを捉える思考です。

また,ファクト思考は,"事象の連鎖における解釈"も断ち切ります。

例えば,ある外食企業のマネージャーが下記のようなことを言いました。

「クリスマスはみんな家にいるので,うちの店には来ないよ」

この文をファクト思考で捉えると,どうなるでしょうか。

(1)「クリスマスはみんな家にいる」……解釈の言葉
事実①:2018年のクリスマスを「外食で過ごした」と答えた割合は,男性45%,女性34%(飲食店向け覆面調査サービス「ファンくる」(運営:株式会社ROI)「クリスマスディナーに関する調査」。2018年12月から2019年1月にかけ,20代から50代の男女を対象。有効回答数5,800名)

事実②：年間の外食率は全国平均20.2％（2019年総務省統計局「家計調査」の食
　　　　費・外食費のデータ）
となり，事実①と事実②を比較すると，クリスマスはみんな家にいるというのは
そのマネージャーの個人の意見です。

⑵ 「うちの店には来ない」……解釈
事実③：その店は，客単価4,000円〜6,000円くらいの寿司・海鮮居酒屋
事実④：クリスマスに食べたいものランキングは，１位ケーキ，２位ローストチ
　　　　キン，３位フライドチキン，４位寿司，５位ピザ（「何でも調査団」ア
　　　　ンケート実施日時：2012年12月７日〜12月13日。有効回答数3,528）
　クリスマスにピザより食べたいものが寿司ですので，うちの店には来ないとい
うのも，そのマネージャー個人の意見となります。

　両方の解釈が間違っているのですが，さらに，この文には，もう１つ解釈の
言葉があります。

　それは，**"ので"** です。

「クリスマスはみんな家にいる "ので"，うちの店には来ないよ」
　先程書いたとおり，実際には "クリスマスはみんな家にいる" こと自体が事
実ではないのですが，仮に本当に外食率が低いとしても，それが "うちの店に
は来ない" という理由づけにはなりません。
　クリスマスにうちの店に来たくなるようにするにはどうすればよいかを考え，
行動を起こすほうが，より生産的です。
　もし，この解釈（クリスマスはみんな家にいるので，うちの店には来ない）
を持ったままだと，その人は，せっかくの書き入れ時に，クリスマスに対して
何もしないのです。
　このような事例にファクト思考で対策を講じるには，相関率や傾向率という
事実・データから算出して，手法を考えるのがよいでしょう。

　少し突飛な例のように聞こえたかもしれませんが，ほぼすべての会社（私が知る限り）で，解釈の違いによる問題は起こっているのです。

　今，新型コロナウイルスの影響下にいますが，このような時には解釈は起こりやすくなります。例えば，

- 自分の業界が不景気なので，みんな不景気
- みんながお金を失って，消費は落ち込むので，うちにもお客様は来なくなる

などです。

　ある業界が不景気だとしても，全業界が不景気というわけではありません。「みんながお金を失って，消費は落ち込む」とありますが，お金を失ったのは，新型コロナウイルスによって影響を大きく受けてしまった会社やその従業員であり，年金受給者や公務員，IT系大企業社員，メーカー社員など，影響を受けていない方もおられます。それどころか，夜の会食がなくなって支出が減り，特別定額給付金（1人10万円）によって，いつもよりお金が余っている人もいます。

　冷静に事実を見れば，そこから見出せる可能性に仕事のポジションを合わせることができるようになります。

　他にも，例えば，"今のアルバイトは，3日以内に辞めるのが大半"とおっしゃっていた外食産業の経営幹部の方がいました。

　しかし，タイムカードシステム，給与システムのデータを分析してみると，アルバイトが辞めていたのは，合計勤務時間が15時間（1日5時間勤務として3日）以内の人で13%，15時間〜80時間（3日以上〜1か月以内勤務）の人で55%と，経営幹部の方の意見と大きく差がありました。

　この経営幹部の方は，アルバイトの初期教育には多額の費用をかけていましたが，その後1か月間のフォローアップは考えてもいませんでした。つまり，"打つ手を間違えていた"のです。

　この分析をもとに，1か月のフォローアップのための研修を実施したところ，15時間〜80時間以内に辞める人の割合が20％に減少し，全体の離職も10％減少させることができました。人数でいえば年間150名以上の離職減少につながり，採用費と教育費を合わせると4,500万円以上の損失軽減になりました。

　このように，事実から見ていくことで，効果的な手法を取ることができるのです。

　事実を事実として見るときに重要なことは，事実と解釈を分けて考えることです。

事実／解釈
すでに確定した過去の**事実・データ**に解釈を混ぜない

そのことにより

正確な現在を手に入れることができる
→計算でわかる問題解決に時間がかからない

だからこそ，**未来を作り出す解釈（仮説）**
を立てることができる

　これはトレーニングが必要ではあるのですが，今，目の前に起こっている事象に対して，自分が考えていることは事実なのか，解釈なのか，見極めることが重要です。

　事実は，誰がみても同じです。そのため，組織が大きくなり，構造が大きくなったとしても，再現性が担保されます。解釈は1人のものであり，他の誰かから見ると異なります。そのため，組織が大きくなり，構造が大きくなると，再現性を担保できなくなります（構造で成果が創れなくなります）。

　この思考ができるようになると，業務改善などに取り組むときに，現場の方からの意見が事実なのか，解釈なのかがわかり，解釈には共感を示し，事実を抽出し，改善のタネを見つけることができるようになります。

4 構造化思考～事実の連鎖を構造化する～

次に構造化思考についてです。次章ではニーズや価値なども構造として考えているのですが，その「構造として考える」という思考のしかたを考えていきましょう。

(1) 分けて考える（まずは2つ）

最初に，"何か"と"何か"が"違う"ということを認識するところから始めましょう。これには多数の例があります。先ほど出てきた事実と解釈も，"事実"と"解釈"が"違う"ということを認識することから，思考が始まります。

当たり前のことを言っているように思えるかもしれませんが，この"分けて考える"ことは，私たち人間が，"言葉"を使うことでできるようになった最も重要なことの1つだと私は考えています。

では，いくつかの言葉を分けて考えてみましょう。例えば，下記は多くの組織や会社や打ち合わせで聞こえてくる言葉です。

- ●～できる／～する
- ●～頑張る／～する
- ●～できる／～頑張る

まずは，"～できる"と"～する"の違いはなんでしょうか？ "～できる"は，～を実行することが可能という意味で，"～する"は，～を実行するという意味です。つまり，"～できる"は"可能性"の言葉で，"～する"は"行動"の言葉です。

では，"～頑張る"と"～する"の違いはなんでしょうか。先ほどのとおり，"～する"は，行動です。"～頑張る"は，～という行動をしようとするという意欲です。少しの違いなのですが，考えてみるとまったく違う言葉だというこ

とにお気づきでしょう。

例えば，上司が"○○さん，～やっといて"と言ったとして，部下が，"はい！　頑張ります！"と答えたとすれば，なんとなく伝わった感はありますが，上司は行動を起こす指示をしているのに対し，部下は意欲を示しています。つまり，意欲はあるが，実行するとは言っていません。

上司が"○○さん，～やっといて"と言ったとして，部下が，"はい！　できます！"と答えたとすれば，これもなんとなく伝わった感はありますが，上司は行動を起こす指示をしているのに対し，部下は実行可能性を示しています。これも，実行することは可能ですが，実行するとは言っていません。

小さな違いですが，私たちは言葉によって行動を起こしていますから，これらの違いが認識されずに組織の中で使われ続けると，大きな違いになってしまうのです。

"今～する"と"急いで～する"も大きく違います。言葉にして書いてみるとすぐに違いはわかることですが，日々の会話の中では聞き落としがちです。

こうした"言葉の違い"を認識することが，構造化思考の始まりになります。

ほかにも，意味がまったく違うにもかかわらず，同じように捉えられる表現があります。

- Why（できない理由・問題）／Why（実行する理由・使命）／How（できる方法・解決策）

これも多い違いです。当然，できない理由や問題を表す言葉と，できる方法，解決策は異なります。

多くのビジネス書でも，"Why"を説明せよと書かれていますが，これはWhy（実行する理由・使命）という，"なぜ，～をやらなければならないのか？"を説明せよということを意味しています。にもかかわらず，できない理由を考え説明するように勘違いしている現場をよく見受けます。

Why（なぜ？）に対して，"できない理由・問題"と"実行する理由・使命"とを混同して捉えてしまうからではないかと思います。

Why（なぜ？）を“できない理由・問題”と捉える人の多い組織では，実行されることがないため，停滞が起こります。Why“実行する理由・使命”を考え，How（できる方法・解決策）を考えることで，実行は促されます。

このような例はまだまだたくさんありますが，ここで認識していただきたいのは，言葉の違いによって，現実に“違い”が起こっているということです。

ちなみに，この後に示されていくいくつかの思考の構造よりも，

● Why（できない理由・問題）／How（できる方法・解決策）

でどちらの言葉を日常的に使うかは，より大きな影響力を持ちます。どれだけ賢く，精密に考えても，できない理由を説明することには意味がないのです。

⑵　いくつかに分ける（フレームワーク・モデル・構造など）

フレームワークは，3C 分析や4C 分析，PEST 分析，ファイブフォース分析，SWOT 分析，ケラーモデル，マズローの欲求5段階説などさまざまありますが，すべて，分けて考える（分析する）ことによって有効な解決策がみつかる，という考え方です。

例として，会社制度をマズローの欲求5段階説で分けて考えてみましょう。人間の欲求には「生理的欲求」「安全の欲求」「社会的欲求（所属と愛の欲求）」「承認欲求」「自己実現の欲求」があるという説ですが，会社の制度をこの5段階で分析してみるとどうなるでしょうか？　各段階の意味はおおよそ下記のとおりです。

● 「生理的欲求」……最低限生命を維持したい

● 「安全の欲求」……身体的に安全で，経済的にも安定したい

● 「社会的欲求」……集団に所属し，安心感を得たい

● 「承認欲求」……集団の中で，他者から高く評価されたい

● 「自己実現の欲求」……自分にしかできないことを成し遂げたい

この切り口で考えたとき，私たちの会社制度は，誰の，いつの，どの段階を満たし，どの段階を満たしていないのでしょうか。

　例えば，30歳男性で，結婚し，妻と子供（0歳）が1人ずつ，東京在住の人がいたとして，現在年収500万円で昇給制度がないとすれば，どの段階を満たし，どの段階を満たさないでしょうか？　下記のような切り方が考えられます。

	生理的欲求	安全の欲求	社会的欲求	承認欲求	自己実現の欲求
現在	○	○	？	？	？
3年後	○	△	？	？	？
5年後	○	×	？	？	？
10年後	○	×	？	？	？
20年後	○	×	？	？	？

　昇給制度自体は，金額・使い方によって，社会的欲求，承認欲求，自己実現欲求を満たします。しかしその前に，現実的な問題として，より低次な段階である安全の欲求に影響を及ぼします。子供が生まれたばかりであれば，**安全の欲求**は満たされています。しかし，3年後はどうでしょうか？　子どもが成長し，そろそろ教育について深く考え，さらに2人目を考え始めたとき，年収500万円で経済的に安定といえるでしょうか。そして，5年後はどうでしょうか。1人目の子どもはもうすぐ小学校で受験するかもしれず，2人目が1歳になるころ，自分は35歳となれば，安全の欲求を満たすために，次のキャリアを考えなければならないのではないでしょうか。さて，このままでは，3年〜5年での離職は必然になってきます。しかし，昇給させるにも原資がない……。ではどうするか？

　といったように，分析していくことで未来に起こる問題が予想でき，今からその対策をとっていくことが可能になっていきます。実際に次章で出てくる構造も，このように分けて考えることで有効な施策を生み出しています。

(3)　線形構造と循環構造

　ここから構造らしくなってきます。ここでは，前章で取り上げた，パワハラ

をしてしまった上司の例で考えてみましょう。

> 　会社のプロセス管理部門で，Ａさんがうつになるという問題が起きました。Ａさんは管理職からのパワハラを主張しました。
> 　管理職を問い詰めると，"絶対休むな"とＡさんに言っていたことがわかりました。

という例でした。

　線形構造を作るのは簡単です。"因果関係"を考え，"時系列"に並べるだけです。
　この例の場合は，Ａさんがうつになるという問題が時系列では最後で，その前には，Ａさんが管理職からパワハラを受けていると認識していて，その前には管理職は"絶対に休むな"と言っていた，という流れになります。
　そうすると，下記のような因果関係で時系列に並びます。

　前章では，この線形構造は対症療法を生むとしましたが，そもそもこの線形構造が考えられなければ，循環構造もわかりません。
　では，線形構造から循環構造を考えるには，どのようにすればいいでしょうか。
　今回の例の場合は，Ａさんがうつになるという結果がありますので，Ａさんへのストレスが**何度も起こり**，積み重なってうつを発症したという仮説を考えます。
　このＡさんへのストレスが**何度も起こる**ということは，管理職からのパワハ

ラも**繰り返し**起こっています。管理職のパワハラが**繰り返し**起こっているということは，そのパワハラをしなければならない理由となる事象も**繰り返し**発生しています。

　この繰り返し発生することには，線形構造ではない循環構造が関係しています。今回はパワハラをしなければならない理由が，市場からの業務量と属人化だったと判明します（この例では，管理職は個人的な意図ではパワハラをしていないという前提です。実際には調査が必要です）。

　そうすると，下記のような構造になります。

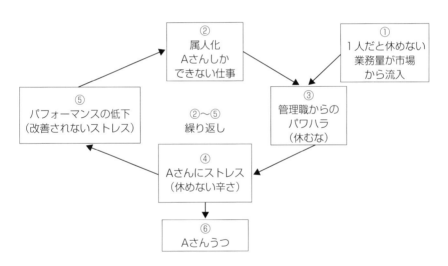

　①は何度も起こり，②③④⑤は繰り返しループします。また，このループ内で，⑤が負の影響をループに与えるため，

ダウンスパイラルの構造になります。

このように問題を構造として理解していくと，この問題にはさらに構造上の問題（例えばマニュアル化のための教育構造がないなど）があることにも気づきます。

これらの循環構造は，例えば企業の中で起こる在庫過多の問題の後ろにも潜んでいますし，人が成長しない問題の後ろにも潜んでいます。逆に，最小の在庫が実現できている組織や，人が成長し続ける組織の後ろにも，好循環の構造が潜んでいます。

5 パズル思考 ～構造を入れ替えた後の変化の予測～

物事を構造として捉えられるようになれば，その構造をパズルのように入れ替えてみるとどうなるかを考えてみましょう。

例えば，あなたは，以下の2つの流れをみてどのように感じるでしょうか？

打って

狙って

構える

この図では，打ってから狙って，構えています。これで的に当てることは難しいでしょう。

| 構えて | 狙って | 打つ |

この図のほうは，構えて狙って打っています。何度も繰り返し練習し，熟練すれば当たるようになるでしょう。

何の話をしているかといえば，銃を撃つという1つの動作でも，行う順番によって，結果がまったく違うということです。

そこで，先に話題になり，日本中が取り組んでいた（いる）働き方改革について考えてみましょう。本来は，顧客の求める仕事の価値を明確化し，仕事の作業を明確化するところから始めるべきところを，先に働き方（労働時間や労働場所）を変えること（打つこと）が先行してしまい，その後に仕事と働き方が合わないことに気づき，その後も無理して仕事を続けるという状態が続いています。

本来あるべき姿は，

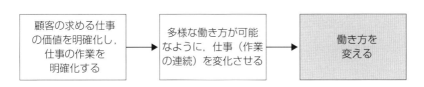

だと私は考えています。

　この話をすると，「現代はVUCA※時代だから，まずは始めることが大事なのだ。PDCA※のように準備している暇はない。まずはDo（実行）だ！DDDDだ」とお話をされる方がいます。

　　※VUCA　→　Volatility（変動性・不安定さ），Uncertainty（不確実性・不確定さ），Complexity（複雑性），Ambiguity（曖昧性・不明確さ）の頭文字をとったもの。
　　　PDCA　→　Plan（計画）→Do（実行）→Check（評価）→Act（改善）の頭文字をとったもの。

　おっしゃるとおりだと思います。

　DDDDは大切です。実際に私もその考え方を大切にしています。しかし，うまくいくDDDDを行っている方は，一度のDの中で高速PDCAを回しているわけで，構えて狙って（P），打って（D），当たった場所を見て（C），次の狙う場所を少し変える（A），そしてまた，構えて狙って（P），打って（D），当たった場所を見て（C），次の狙う場所を少し変える（A）をしています。その習熟度が高いために，ご自身ではDDDDだと言っているのですが，実際には他者からはわからないくらい早く計画を立て，一気に実行し，計測をして，改善をする，ということをされています。

　ここでお伝えしたいことは，DDDDが大切であるということではなく，**行う順番やプロセスをパズルのように入れ替えると，結果が変わる**ということであり，その結果はある程度予測ができるということです。

　例を挙げてみましょう。営業活動において，お客様の信頼を得ようとすれば，お客様の情報を調べることは重要でしょう。では，どのように大事か，以下の営業活動のプロセスから考えてみると，

　①　お客様の情報を調べる。
　②　アポイントを取る。

③　調べた情報と姿勢からお客様への共感を示し，信頼を築く。

④　ニーズを深く聴く（次章の秘密領域）。

⑤　信頼が築かれた後だから，答えづらい質問も答えてくれる。

⑥　深いニーズを聴ける。

⑦　深いニーズを叶えるプレゼンテーションができる。

⑧　お客様に価値が突き刺さり，購入に至る。

①でお客様の情報を調べていなければ，③が起こらず，③で信頼を築けなければ，⑤が起こらず，結果として⑧に至らないのがわかるでしょうか。③の信頼を起こす可能性を上げようと思えば，①のお客様の情報を調べるということは，⑧の購入に至るプロセスとして外すことができないプロセスです。優秀な営業担当者からすれば，このプロセスは当たり前のプロセスでしょう。しかし，新人営業担当者や，中途半端な売上の営業担当者，スランプに陥った営業担当者からすると，怠っているプロセスでもあるのです（時には，訪問後に会社HPを見る人も）。

**　物事を事実で捉え，構造として捉え，パズルのように入れ替えることで，問題が解決でき，再現性を持たせることができる。**

という考え方がストラクチャリング思考です。

6 ┃ 感情も構造化できる

　物事だけでなく，人の感情も構造化できるとすれば，いかがでしょうか。常に動く感情を構造化することはできるのでしょうか？

　感情を構造化する必要性については，第4章でお伝えしていく，企業が感じる価値，人が感じる価値に関わってきます。つまり，お客様に対する価値提供に，感情が関わりを持つということです。

　この章で述べているストラクチャリング思考とは，**物事を事実で捉え，構造**

として捉え，パズルのように入れ替えることで，問題が解決でき，再現性を持たせることができる，ということが趣旨でした。つまり，感情も構造化ができれば，問題解決できることが増えていくということになります。

　感情による問題解決には，どのようなことがあるのでしょうか。

　感情の構造によって解決しようとするとき，まず感情をどのように定義するかが重要になってきます。

　私は，感情を次のように考えています。

　目の前で起こっている事象に対し，脳がハッシュタグのように記憶（過去の体験）から検索し，過去に得た体感覚（VAKOG）を，ホルモンの分泌を通して今の体で再体験しているもの。

　つまり，感情＝体感覚である。

- Visual（視覚）……形，色，仕草
- Auditory（聴覚）……音，高さ，リズム
- Kinesthetic（体感覚）……手触り，肌触り，温度
- Olfactory（嗅覚）……薫り，香り，匂い，焦げ臭い
- Gustatory（味覚）……甘い，辛い，苦い

　ここで実際に感情を体感してみましょう。

　あなたはイライラする感情を抱くとき，どんな体感覚があるでしょうか。

　お腹がむかむかする？　頭が痛くなる？　目が重くなる？　肩に重いものがのしかかったようになる？

　では，その感情を感じている時，物理的にお腹に圧力がかかっているのでしょうか？　実際に，肩に何かが乗っているのでしょうか？

　そうです。物理的作用はありません。では，どのようにその体感覚が起きているかというと，感情と情動の2つに分けて考えます（2要因論）。

> 　情動とは，外的刺激や内的な記憶の想起に伴って個体に生じる生理的な反応を
> 指す。感情は情動の発生に伴う主観的な意識体験である。
> 　感情は，内臓の状態を知らせる自律神経反応を脳が理解することと，その反応
> が生じた原因の推定という2つの要因によって決定される。

出典：乾敏郎『感情とはそもそも何なのか』（ミネルヴァ書房）

　こう考えると，私たちは外的な刺激などにより，脳が過去に感じたものを思
い出し（内的な記憶の想起），私たちの体に対して，再体験させている（情
動）のです。そして，その体験を，感情として表現しているのです。

　では次に，下記の3つを感じられる事象を，それぞれ考えてみてください。
• とても行きたいという事象
• 乗り気ではないが行くという事象
• 絶対に行かないという事象
例えば，ジェットコースター，バンジージャンプ，カラオケ，人混み，ウイ

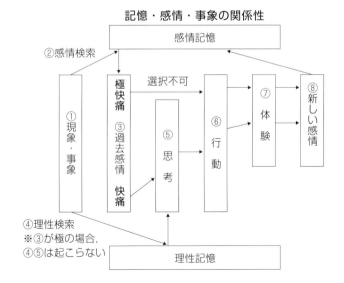

記憶・感情・事象の関係性

48

ンドウショッピング，オタクのゲーム大会，リア充満タンのパーティ，経営者
会，サラリーマンの愚痴大会など，何でも結構ですので，それぞれ1つ以上思
い浮かべてみてほしいのです。

　「とても行きたい」と思った事象を思い浮かべると，ワクワクしてくると思
います。例えばカラオケだったとしましょう。カラオケのことを思い浮かべる
と，胸が暖かくなったり，思考が明るくなったりすると思います。

　逆に，「絶対に行かない」という事象を思い浮かべると，気分が下がったり，
イライラしたりすると思います。例えばジェットコースターだったとします。
ジェットコースターに乗ると思うと，恐怖でガタガタするかもしれません。い
かがでしょう。

　しかし，**自分と真逆の体感覚を持つ人もいる**ということも，理性的にはわか
ると思います。つまり，ジェットコースターにワクワクし，カラオケにとても
恐怖を感じる人もいるのです。

　目の前に起こっている事象は同じにもかかわらず，なぜこのように人によっ
て異なるのでしょうか？　その違いを説明したのが前頁の図です。
　①　人は現象・事象を見て（感じて），
　②　感情記憶を検索する。
　③　過去に体験した体感覚を再体験する（感情の体験）。
　④　①の現象・事象をもとに，理性の記憶も検索する。
　⑤　感情と理性とを統合して考え，
　⑥　行動する。
　⑦　新しい体験をし，
　⑧　新しい感情を得る。
　先のジェットコースターとカラオケの例では，①の現象・事象は同じなので
すが，②で検索されて出てくる感情記憶がまったく異なるため，「とても行き
たい」と思ったり，「絶対に行かない」と思ったりすることになるのです。

　つまり人は，何かの判断をするときに，過去の体験に大きく左右されてしまうのです。

　感情は，脳にある過去の記憶を現在によみがえらせるという，連鎖していく構造となっています。

　感情の解決には，トラウマ治療という直接的方法もあれば，教育という方法もあり，また，商品・サービスの販売という方法もあります。

　例えば，結婚式は新郎新婦の2人の愛を誓い合うイベントですが，そのイベントを通じて，親子間（父と兄の感情の問題）の問題であったり，親戚間（叔父と父の感情の問題）の問題であったりを解決できるかもしれません。

　人の感情の構造には，解明できていないことが多くあります。イレギュラーなことや新しい発見は必ずあると思います。しかし，感情も構造として考えることができることがわかると，自ずと自分のせいや他人のせい（つまり"人"のせい）にすることが少なくなり，自分や他人を取り巻く，環境や状況といった物事の構造に目を向けることができるようになっていくのです。

●感情の構造から見える課題

　ここに，現時点で私が理解している，感情の構造から見える課題を列挙しておきます。問題解決のヒントになれば幸いです。

- 感情は過去体験から起こる体感覚であり，さまざまな判断において感情が伴うため，人の判断は理性的な判断ばかりではありません。そしてそれは人間の構造上起こることであり，その"人の存在"が問題ではないのです。

- 過去の感情記憶をもとに，極度の快楽を得るための行動，極度の痛みを避ける行動をとることがあります。図中では，④の理性検索なしに⑥の行動に移る「選択不可」の流れです。これは理性による思考を介さない行動であるため，⑦の体験はこれまでの体験をより強化する構造になり，これまでの感情記憶をより深めてしまいます。

　　この状態になる事象が起こったときには，本人では抗えない状態になるため，解決のためには他者の支援もしくは，その事象が起こっていないと

きの感情記憶の解決が必要になります。

- 人は問題が起きたとき，起こった"現象・事象"に問題設定をしますが，感情記憶と理性記憶に焦点を当ててみれば，これまでとは違う解決可能な問題設定へと変わります。
- 感情記憶の更新は，新しい感情での更新と，過去体験を追憶し，感情を受け止め切るセッション（トラウマの解消）などで解決可能です。

7 ストラクチャリング思考のまとめ

ストラクチャリング思考は，

物事を事実で捉え，構造として捉え，パズルのように入れ替えることで，問題が解決でき，再現性を持たせることができるという考え方で，**"人"を問題にしない考え方**です。

その構造の中に，1人ひとりが持つ感情構造を加えたとき，人と人，組織と組織，国と国，歴史上の怨恨までも，**解決の可能性がある構造上の問題**として扱うことができるかもしれません。もちろん，どこまで解決可能かは，構造への影響力の範囲によりますし，構造の解決によって，すべてが解決できるとは思いません。

しかし，ストラクチャリング思考を1人ひとりが深めることによって，**自分が誰かを"恨んでいる"理由は，構造の問題**だったと考えられるようになったとすれば，その誰かを恨むのではなく，構造の問題を解決する考えになり，**人に対しては，"赦す"**という考えになれるのではないかと考えています。

たとえ一個人の問題でも，その問題解決に再現性があれば，組織全体の問題解決につながることがあります。その再現性を高めるためにも，このストラクチャリング思考は大切になります。

第 4 章

価値構築経営の構造
～Structure of Value Construction～

　ここまでは，価値構築に至るまでの概念，基礎となる考え方についてお話し
てきました。ここからは，私がキーエンスという会社から学び，私自身だけで
なく，多くの人が学ぶことができる経営構造についての概念をお話していきま
す。

1　人が感じる価値とは何か？
企業が感じる価値とは何か？

　この章では，お客様が感じる価値とは何か？　そしてその価値を創造するた
めに私たちが取り組みたい事業構造について述べていきます。そもそも価値と
は，どのようなものでしょうか。

　広辞苑によると，「価値」とは，次のように説明されています。

① 　物事の役に立つ性質・程度。経済学では商品は使用価値と交換価値とをもつ
　 とされる。ねうち。効用。「貨幣—」「その本は読む—がない」
② 　〔哲〕「よい」といわれる性質。「わるい」といわれる性質は反価値。広義で
　 は価値と反価値とを含めて価値という。
㋐ 　人間の好悪の対象になる性質。
㋑ 　個人の好悪とは無関係に，誰もが「よい」として承認すべき普遍的な性質。
　 真・善・美など。

　とても抽象度の高い，概念的な意味合いを持っています。
　ここでは，企業が感じる価値とは何か？　人が感じる価値とは何か？　と
いった，いくつかの定義をしながら進めていきます。
　最初に，企業の価値と，人が感じる価値とが，どのようにつながっているの
かというところから考えていきましょう。
　まず，企業の価値とは，企業目的と密接に関わっています。私は，企業活動

の目的を"生活者の生活をよりよくすること"であると定義しています。事業について説明をする際，B to B，B to C，D to C などの言葉で語られますが，本当に価値を感じるのは，C（生活者）と認識すべきだと考えています。つまり，B to B の事業でいえば，B to B to B to B to C というように，最終的には C（生活者）に貢献しているということです。

　例えば，企業向けの通信インフラを整えているような会社は，直接的なサービスを生活者に届けているわけではありませんが，その通信インフラによって向上した生産性は，生活者に貢献しています。

　このように，すべての企業の目的は"生活者の生活をよりよくすること"に行き着きます。その目的に沿わない企業やその生活者の生活の変化に対応できない企業は衰退するということです。

(1)　企業が感じる価値

　企業は，生活者の生活をよりよくすることを目的に存続していくものであるとすれば，それでは，その企業が感じる価値にはどのようなことがあるのでしょうか。私は，下記の3つの要素が重要視されると考えています。

＜企業が感じる価値＞
① 付加価値はそのままで，時間 or 金を最小にできる
② リスク（未来の時間・金）を減らすことができる
③ 価値が向上する（利益が上がる）

※このほかに，生産性，財務，CSR という切り口もありますが，この本では上記を重視しています。

　つまり，企業が感じる価値を私の考え方で表すと，次のようになります。
最小の人の命の時間と資本で，最大の付加価値を創造すること

　このほかにも，モチベーションや文化が重要であるという方もいらっしゃる

と思います。私自身も，社員のモチベーションが高い組織を見ると，確かに価値があると感じます。しかし，"人のモチベーションが高いから価値がある"のか，"価値あることをしているから人のモチベーションが高い"のかでいえば，私は後者の傾向が高いと感じています。

⑵　人が感じる価値

　では次に，人が感じる価値とは何か？　を考えていきましょう。人は，生活の中でもたらされるどのようなことに価値を感じるのでしょうか。私は，価値

感動の例（エイブラハムの感情の22段階）

1.	Joy/Appreciation/Empowered/ Freedom/Love	喜び／真価を認める＝感謝／ 力を与えられる／自由／愛
2.	Passion	情熱
3.	Enthusiasm/Eagerness/Happiness	熱中／熱心／幸福／喜び
4.	Positive Expectation/Belief	明確な期待／信念
5.	Optimism	楽観
6.	Hopefulness	希望
7.	Contentment	満足
8.	Boredom	退屈／怠慢
9.	Pessimism	悲観
10.	Frustration/Irritation/Impatience	葛藤／いらだち／短気
11.	Overwhelment	圧倒される
12.	Disappointment	失望
13.	Doubt	疑い
14.	Worry	心配
15.	Blame	非難
16.	Discouragement	落胆
17.	Anger	怒り
18.	Revenge	復讐
19.	Hatred/Rage	嫌悪／激怒
20.	Jealousy	嫉妬
21.	Insecurity/Guilt/Unworthiness	不安／罪悪感／不徳
22.	Fear/Grief/Depression/Despair/ Powerlessness	恐怖／死別／後悔／意気消沈／ 絶望／無力

出典：Esther & Jerry Hicks, "Ask and It Is Given: Learning to Manifest Your Desires（Law of Attraction Book 7）", Hay House Inc.（秋川一穂『新訳　願えば，かなうエイブラハムの教え』ダイヤモンド社）

の根元は**感動**（感情の動き）であると考えています。

　したがって私は，人が感じる価値を下記のように考えています。

＜人が感じる価値＞
① 　今より便利に今と同じ感情を味わえる
② 　辛い感情を感じるリスクを減らすことができる
③ 　今より高い位置の感情を味わうことができる

　①，②，③の逆を考えてみましょう。

　①の逆　今と同じ感情を味わうのに，より時間とお金がかかる

　②の逆　辛い感情を感じるリスクが増える

　③の逆　今より低い位置の感情を味わう

　これらはマイナスの価値になることがわかると思います。

　シンプルに述べていますが，実際には人の感情は，さまざまな要件のもとで変化します。お客様の感情の変化を捉え続ける努力を怠った時，企業はお客様を失い，利益を失います。本章でも紹介しますが，売れていない商品の**"機能"は"感情"に影響を及ぼさない**ものが多いのです。その機能の開発にコストをかけるから，提供価格が上がってしまい，お客様にとっては，

　　①の逆　今と同じ感情を味わうのに，より時間とお金がかかる

が起こってしまうのです。

　また，これらに当てはまらず，人が意識的に価値を感じているわけではないものの，最も大きな価値を与えているといえるのが，"維持"（生命・生活）です。

　例えば，通信や生活インフラ，交通，チェーン系飲食店，スーパーなどです。人はそこに特段の感動を感じませんが，当たり前のようにある，生命・生活維持に必要な（なくては困る）価値に，常にお金を払い続けています。

　この市場はとても大きな市場です。特に今回の新型コロナウイルスの影響は、この“維持”を支えるという市場の一部を崩壊させました。もし“維持”のための価値を提供していて、提供先の市場がなくなったのであれば、早々に提供する価値もしくは価値を提供する市場を変えなければなりません。

2　付加価値ではないことを見分ける

　人が感じる価値を企業が提供する。“生活者の生活をよりよくすること”を提供していく。企業が、価値を創造していく事業構造を作っていくにあたって**最も大切なこと**として見分けなければならないのが、**“付加価値”**と**“付加価値でないこと”**です。

　付加価値こそが、お客様が得たいと感じる価値の源泉であり、価格を払う理由でもあり、企業の利益の源泉です。しかし私が見る限り、多くの企業が、**“付加価値”**と**“付加価値でないこと”**の見分けがついていないように見えます。

　例えば、下図のように、価値軸とコスト軸があったとき、どこが付加価値だと感じるでしょうか？

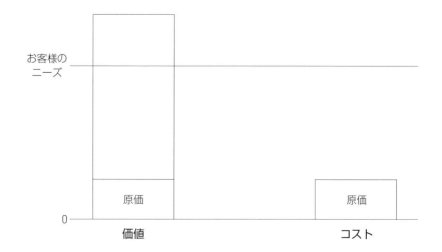

　過去にお話をしてきた方で最も多かったのは，**お客様のニーズを超えた**この部分でした。

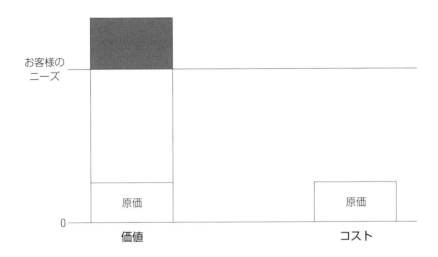

「お客様のニーズを超えて‼　より良い機能を‼」という考え方でしょう。
　しかし率直にいえば，この部分は，

"ムダ＝付加価値ではないこと"

と考えます。この部分は**作ってはならない**ものなのです。
　最もわかりやすい例が，日本製のPC・スマートフォンの中に入っているたくさんの初期アプリケーションソフトです。サポートツールであったり，辞書ツールであったりするのですが，私はこれまで行ってきた講演やセミナーの延べ2,000名以上の前で，「これらのソフトを使っているのを見たことがある方はいますか？」と聞いてみると，使っているのを見たことがあると答えた方はゼロでした。つまり，**使われていない状態**だったのです。
　私の付加価値があるかないかの定義の中に，**"お客様に買ってもらい，使っ**

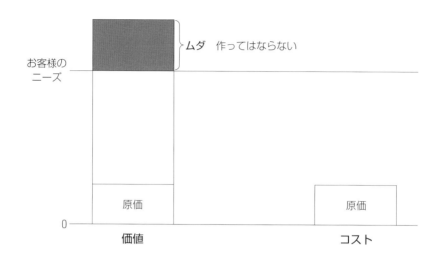

てもらい，役に立っている，と感じてもらえるかどうか？”があります。この
定義では，残念ながら素晴らしい機能を持つソフトであったとしても，付加価
値ではないのです。

　重要なことは，2つあります。
　1つ目は，この初期ソフトを作るために**多大なコスト**（開発・マーケティン
グ・営業・マニュアル・コールセンターなど）が使われているということ。
　2つ目は，**利益だけでなく**，作った開発者の方々の命の時間も，使われない
機能を売ろうとしているセールスの方々の**命の時間もムダ**になっているという
ことです。

　もし，あなたが開発者だったとして，自分自身の命の時間を数か月〜数年か
けて作ったソフトが誰にも使われず，役に立っていない状態であったとしたら，
どう感じるでしょうか。きっと大きな喪失感を味わうでしょう。アドラー心理
学でいう“幸せ＝貢献感”ということとは，逆の感情を受けるはずです。その
感情を認めたくないので，自分たちのしたことは“ムダではない”と言いたく
なるのですが，この**ムダ部分を作るのをやめるだけ**で，企業の利益率は大幅に

増します。

　ただし，ここで重要なことは，"付加価値か付加価値でないか""ムダかムダ
ではないか"を決めるニーズは，お客様の価値観や環境によって変わるため，
常に深く，広く見定め続けなければならないということです。

　では，先ほどの図で，そもそも付加価値はどこにあるのでしょうか？　私は，
付加価値とは，お客様のニーズを叶えることにあると考えています。

　その中で，まず付加価値には，「顕在ニーズ（お客様が期待していること）」
を叶える部分があります。

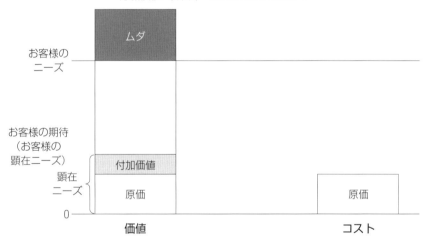

この部分は，明確な期待が，お客様の思考に浮かんでいる状態です。例えば，
美味しい料理が食べたい，美味しいお酒が飲みたい，最近では，テレワークを
導入したい，などでしょうか。

　この状態で美味しい料理や美味しいお酒が飲めれば期待どおりです。テレ
ワークを導入したいということも，テレワークだけを叶えれば期待どおりの付
加価値です。後でお話しますが，この顕在ニーズは見えやすいニーズなので多

くの会社が狙っていますから，差別化が難しく，価格も市場価格との勝負になってきます。

　次に，顕在ニーズ（お客様の期待）を超えて，お客様も気づいていない「潜在ニーズ（ニーズの裏のニーズ）」を叶えるような，より深い付加価値の部分があります。

付加価値（成果）はどこにあるのか？

　外食を例に挙げましょう。顕在ニーズが，先ほどの"美味しい料理が食べたい，美味しいお酒が飲みたい"だったとして，その裏に，"父への感謝を伝える場にしたい"（潜在ニーズ）という思いがあったとしましょう。お店側に協力してもらえることを考えていなかったならば，そこでお父様が感動するような御膳立てをすることは，そのお客様にとって**より深い付加価値**になります。

　ここには感動も生まれますし，ただ美味しい料理を食べたという記憶だけでなく，さらに深い欲求を満たせたエピソードとして，そのお客様の"感情記憶"に残ります。その本人のリピートだけでなく，口コミも期待できるようになります。

　では，もし同じお客様（美味しい料理が食べたいというニーズの裏に，"父への感謝を伝える場にしたい"という思いがある）に，このニーズの裏のニーズを知らずに，こだわりの美味しさを長々と説明してしまったり，お店の都合で話しかけてしまったりで，親子の時間の邪魔をしてしまったらどうでしょうか。

　お店としては，よかれと思って**"説明の時間"**に時給という**"コスト"**をかけたにもかかわらず，お客様には，大切な時間を邪魔されたという不快な思いを与えてしまうかもしれません（ニーズを超えてしまったムダ部分）。

　キーエンスでは，この「**お客様も気づいていない潜在ニーズ（ニーズの裏のニーズ）**」を，お客様に密着した"コンサルティングセールス"によって的確に引き出し，ニーズから逆算して設計された製品によって叶え続けています。

　この潜在ニーズ（ニーズの裏のニーズ）を的確に引き出していく方法は，第5章のニーズ探索の構造でお話していきます。

　そしてさらに，潜在ニーズの中には，まだ誰も叶えたことのないニーズ（新創造価値）の部分があります。

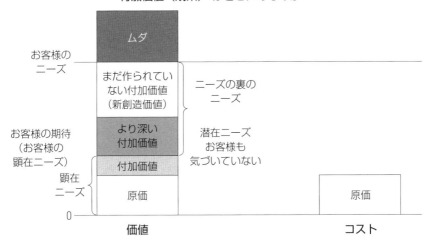

付加価値（成果）はどこにあるのか？

　自社でも他社でも叶えていないお客様のニーズ，この部分が叶えられる製品の機能を何と呼ぶでしょうか。

　そうです。これが，

"世界初" や "業界初"

なのです。このニーズを見つけるためには，後で説明するニーズ構造のとても深い位置（秘密領域，もしくは未知領域）を探索しなければなりませんし，**ムダの領域**とまだ作られていない付加価値とを見極める力も重要になってきます。

　これらの話をすると，「お客様の期待を超えるのが真のサービスだ！」と主張いただくことがあるので，私の考えを改めて少し細かく説明していきます。**ニーズ**と**期待**は違うということです。

　私は言葉の定義として，「ニーズ＝顕在ニーズ＋潜在ニーズ」と考えています。顕在ニーズの定義は，お客様が自身の頭の中で期待をしていること（お客様の期待）とし，潜在ニーズは，お客様は質問されたり体験してみたりするまでは意識していないが，実際には欲しいこと，としています。

　お客様の期待（私の言葉では，顕在ニーズ）を超えることはとても大事ですし，それが付加価値であることは間違いありません。ただ，時にそのサービスが，顕在ニーズにも潜在ニーズにも当てはまらないことがあります（期待もしていない，体験しても嬉しくない，使わない）。

　その部分のことを私はムダと考えています。この"ムダ"と"潜在ニーズ"との境目は見極めが難しく，"ムダ"を一切しないと決めてしまうと，新たな挑戦が起きません。

　そのため，"ムダ"は作ってはならないのですが，**"付加価値か付加価値でないか"**をお客様から聴き続けることと，**"ムダかムダではないか"**の訴求テストは，実際に**本製造を行う前，リリース前に，**そしてリリース後も定期的にチェックをしていくべきでしょう。判断基準は，お客様の反応です。

　ある企業のお客様にとってはムダなことが，ある企業のお客様にとっては大きな付加価値になることもあります。このことについては，第6章の価値創出

の構造の節でお話します。

　最後に，ムダを作ってはいけない理由を改めて説明しておきます。
　それは，作ったムダがどんな影響を与えてしまうかということにあります。
開発原価もそうですが，製品を製造するとき，マーケティングするとき，お客
様に価値を訴求する営業活動のとき，さまざまな場面で，このムダは，"ムダ
なスペックを実現するための高単価部品コスト"，"反応率の悪い広告コスト"，
"お客様に響かない機能を説明する営業の時間コスト"として，原価（製造原
価や営業原価を含む）に乗ってしまいます。

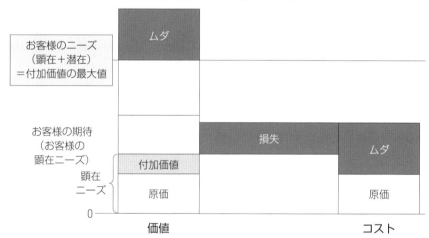

なぜムダを作ってはならないのか？

　しかし，お客様はムダは使わないため，価値として認められることがないの
で，コストに対して価格転嫁ができません。そのため，価格よりもコストが大
きくなってしまい，損失が生まれてしまいます。
　また，ニーズの裏のニーズまで叶え，価値を高めた製品であったとしても，
その製品にムダがあると，そのムダはコスト側に乗ってしまいます。そのため，
結果として利益が小さくなるのです。

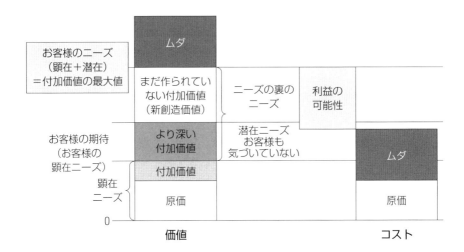

　ニーズの裏のニーズまで叶えて価値を高め，ムダをなくすことで，コストが
少なくなり，結果として利益率が高まるのです。

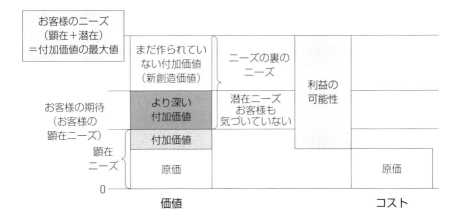

　この考え方は，製造業に限らず，多くの企業に活用可能な考え方です。ぜひ，
あなたの会社でも“付加価値”と“付加価値でないもの”を切り分けてみてく
ださい。

3 価値構築経営の構造の全体像

　いよいよ，企業が価値を創造するための構造化に話を進めていきましょう。
価値構築経営の構造（Structure of Value Construction，以下「SVC」といい
ます）を簡略化すると，下記のような図になります。

価値構築経営の構造

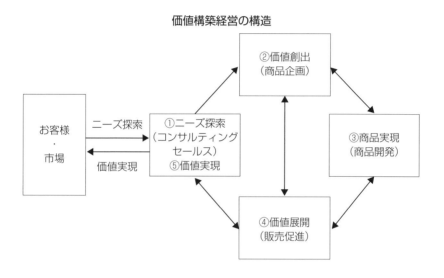

① **ニーズ探索（コンサルティングセールス）**……お客様に寄り添い，ニーズ
　（付加価値の種）を探索します。
② **価値創出（商品企画）**……①で取得したニーズを満たす，付加価値の高い
　商品を企画します。この時，叶えるニーズが他社でも自社でも実現したこと
　がないのであれば，その商品は世界初となります。
　※この時，商品企画は①〜⑤の中で最も重要な役割として責任と権限を負い
　　ます。マーケティングとイノベーションの中心にいる状態といって過言で
　　はありません。
③ **商品実現（商品開発）**……②で企画された付加価値の高い商品を，技術的

に実現します。

④ **価値展開（販売促進）**……②で企画されたマーケティング戦略から創出される価値展開の戦術を実行します。

⑤ **価値実現（コンサルティングセールス）**……お客様のニーズから製品を使うことで得られる価値を実現していきます。

このようにお話をすると，とてもシンプルに見えると思うのですが，これは最小単位だとお考えください。

現在の組織化が進んだ企業の中で，チェーンストア理論などの統合的な経営理論に沿って経営を行っている企業を除いては，こうした役割分担が的確にできている企業を見るほうが少ないと感じます。もし自社の組織に足りない役割や，重複した役割があれば，組織構造から見直す必要があります。

このあとの章では，価値構築経営の構造を構築するためのパートについて，それぞれの目的と構造，手法を順番に解説していきます。

第 5 章

価値の根源：
ニーズ探索の構造

　この章では，価値構築のファーストステップである，お客様の**ニーズを探索**していくための構造について述べていきます。

1 ニーズ探索の目的

- ●価値創出の種となるニーズを探索すること
- ●お客様との信頼関係を深め，価値実現への道を見つけること

2 ニーズ探索の構造

　付加価値とは，お客様のニーズを叶えることと定義しています。ニーズを探索することは，付加価値の種を見つけるということです。種がなければ木は育ちません。まずはこの種を見つけなければならないのです。

　ニーズの構造を理解することによって，機能的に同じ他社商品があったとしても，お客様が買うか買わないか，買った後に役に立つと感じるか感じないかについて，大きな差が出ることを理解いただけると考えています。

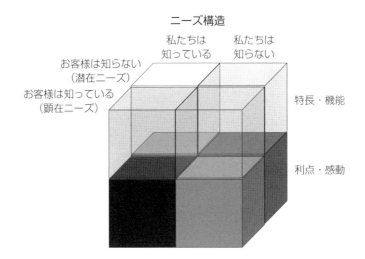

ニーズ構造

　では，ニーズ構造についてお話していきます。ニーズの構造は，おおまかに前頁の図のように表せます。

　切り口は，
- お客様は知っている／お客様は知らない
- 私たちは知っている／私たちは知らない
- 特長・機能／利点・感動

の3つです。

　上から見ると，表面にジョハリの窓のような4象限が表れます。
- 開放……お客様も私たちも知っている
- 盲点……お客様は気がついていないが，私たちは知っている
- 秘密……お客様は知っているが，私たちは知らない
- 未知……お客様も私たちも，まだ知らない

と領域があり，さらに，特長・機能／利点・感動によって高さが生まれ，立体構造になっています。

⑴　開放・盲点・秘密・未知の構造

　まずは，表面の
- 開放……お客様も私たちも知っている
- 盲点……お客様は気がついていないが，私たちは知っている
- 秘密……お客様は知っているが，私たちは知らない
- 未知……お客様も私たちも，まだ知らない

の構造について説明していきます。
　それぞれ探索の手法は，この後の③でお伝えしますので，大枠の概念を把握いただければと思います。

　先ほどのニーズ構造を上から見ると，次図のような4象限になります。この

探索領域を広げることにより，価値創出の前提となるニーズを探索することができるわけです。

	私たちが知っている	私たちが知らない
お客様が知らない	盲点領域	未知領域
お客様が知っている	開放領域	秘密領域

　セールス側である私たちを主体としてお話すると，「私たちが知っている」の象限に当たる開放領域と盲点領域は，**最初から探索可能**です。

　ニーズをさらに探索する方法として，3つの有効な方法があります。

　まず1つ目の有効な方法は，私たちが**"知識を増やす"**ことです。

　色が塗られている部分がすでに探索可能になっている場所ですが，現状よりも，私たちのニーズについての知識が増えれば，どのように変わるでしょうか？

	私たちが知っている		私たちが知らない
お客様が知らない	盲点領域	⇨　⇨	未知領域
お客様が知っている	開放領域	⇨　⇨	秘密領域

　ニーズに対する知識が増えた分，知らないことが減り，知っていることが増えます。つまり前図のように，秘密領域と未知領域が狭まります。

　しかし，ある一定以上の知識が増えても，それ以上，秘密領域と未知領域を探索することが困難になっていきます。なぜなら，この秘密領域や未知領域はお客様しか知らない情報だからです。これはあなたも感じたことがあるのではないでしょうか。実は，知識はあるのに売れない人というのは，この秘密領域を探索できていないことが多いのです。

　ニーズを探索するにあたり 2 つ目の有効な方法は，**"お客様との信頼を築くこと"** です。私たちがお客様とのより深い信頼を築くことができ，お客様しか知らないニーズを教えてもらえたとしたら，どうでしょうか。

	私たちが知っている	私たちが知らない
お客様が知らない	盲点領域	未知領域
お客様が知っている	開放領域	秘密領域

　そうです，秘密領域をお客様自ら探索可能にしてくれる可能性が高まります。

　さらに，1 つめの知識を増やすことと，2 つめの信頼を築くことが両方ともできたとしたら，どうでしょうか。

	私たちが知っている		私たちが知らない
お客様が知らない	盲点領域	⇨ ⇨	未知領域
お客様が知っている	開放領域	⇨ ⇨	秘密領域

　このように，秘密領域が開いたうえに，セールスの知識がアップした分，未知領域が小さくなります。

　それでは，私たちもお客様も知らない**未知領域をより探索可能にしていく方法**はないのでしょうか？
　そこで，探索するにあたり3つ目の有効な方法の登場です。それは，
　　"お客様の成長に貢献すること"
です。そうすると，図は下記のようになります。

	私たちが知っている	私たちが知らない
お客様が知らない	盲点領域	未知領域
お客様が知っている	開放領域	⇧　⇧　⇧ 秘密領域

　このようにお客様が成長すれば，お客様の知識や気づきが増えることにより

未知領域は小さくなります。そして，お客様の成長に貢献した私たちに対して，お客様はさらに大きな信頼を抱くことになり，価値を共創していくパートナーのような関係性になれるのです。

　これが，本章の冒頭に掲げたニーズ探索の目的の 2 つめ，

**　お客様との信頼関係を深め，価値実現への道を見つけること**

につながります。

　私が思うに，例えば，松下幸之助さんが創業から現在の Panasonic を築かれるまでには，お客様や取引先とともに，この未知領域をどんどん探索していったのではないでしょうか。そして，どんどん人々の未知のニーズを叶えていったのではないでしょうか。Panasonic の手掛けてきた商品を見れば，ニーズ探索と価値実現の歴史も見えてきます。

　お客様が成長していくにつれ，次なる問題（ニーズ）が出てくること，その問題を解決するとまた新たな問題が出てくること。そしてまた一緒にその問題を解決していく理想的な関係性。それが共創パートナーシップだと思います。

　お客様をさらなる成長に導くには，成長の機会として私たちから知識を提供する場合もあれば，サービスや製品を提供することや，“質問”によって“これまでにない観点”を提供することもあります。

　今の日本（すべての会社・人ではありませんが）は，この共創パートナーシップを築く力が落ちているのではないかと思います。売る人と買う人が分断してしまい，「買われるものを作れ」「売れるものを作れ」という言葉がはびこる状況のように見えます。

　“価値あるもの”・“役に立つもの”は誰が作るのでしょうか。

　人は，価値があると思われるものを選び買う。企業は，価値のあるものを提供する，その一点に集中すればよいのです。

　しかしながら，この後に出てきますが，その価値あるものとは何か？　を見分けることが難しいのです。

　お客様を成長させ，未知領域にまで探索していく。その過程で見つかった新

しいニーズは，私たちにとって未知の発見だけでなく，他社の誰もが知らないニーズとなります。この未知のニーズを見つけることが，**世界初の商品を創ることに**つながります。

⑵　特長・機能／利点・感動

　世界初の価値ある商品が誕生するシナリオはわかりました。しかし，ここまでで安心してしまっては，**世界初の商品を創ったのに売れない，使われない**ということになります。

　そうならないために，ここで，

　特長・機能／利点・感動

の切り口でもこの構造を説明していきます。

　付加価値は，お客様が"利点・感動"を得るところに現れます。正確には，"特長・機能"を使って，"利点・感動"を得るプロセスと結果に現れるのです。

　そこで，お客様のニーズを，"ニーズの裏のニーズ（利点・感動）"として捉えることになります。このあとの構造を見ていただくと，お客様の真のニーズは，ニーズの裏のニーズにあるということをご理解いただけると思います。

　有名な事例ですが，ホームセンターにドリルを買いに来たお客様を考えてみましょう。

　①　特長面でのニーズ：穴を開けるための機能が欲しい

　②　利点面でのニーズ：穴が欲しい，その穴を使って○○を作りたい

　この時，**お客様の真の目的は**②です。そのため，②を提供できる特長があるのであれば，ドリル以外のことを販売することも可能になります。例えば，最初から穴の空いている板を紹介する，などです。

　この事例で語られるのは，②を知ることが大事ということですが，②は開放部分なのか，盲点部分なのか，つまり最初から，お客様自身が，自分が本当に求めているのは穴であるということに気づいていたかどうかによって，価値が変わることにはご注意ください。

	お客様が知っている	お客様が知らない
特長 機能	（開放） ドリルが欲しい	（盲点） 穴が最初から 空いている板が欲しい
利点 感動	穴が欲しい （開放）	

	お客様が知っている	お客様が知らない
特長 機能	（開放） ドリルが欲しい	（盲点） 穴が最初から 空いている板が欲しい
利点 感動		穴が欲しい （盲点）

　一般的に，お客様自身が②の穴が欲しいということに最初は気づいていなかった下の図の例の方が，価値が高まるといえます。

　パーソナルジムの例を考えてみましょう。
①　特長面でのニーズ：激しいトレーニングがしたい
②　利点面でのニーズ：太っている体型を美ボディに変えたい
③　感動面でのニーズ：もともと太っていて自信がなかった自分が，周りの
　　友人の前や恋愛面でも輝ける

　この時，**お客様の真の目的は②と③**です。激しいトレーニングをしたいという人は，少数派でしょう。テレビ CM では②と③の主張のみがなされます。①の主張はされません。しかし，売れないトレーナーは①を実現するための管理手法を主張してきます。方法論としては激しいトレーニングをするのですが，

なぜ激しいトレーニングをするのかといえば，それは②の美ボディが欲しいからです。さらに，③の輝ける（喜び）という感情の変化（＝感動）が欲しいのです。

　人のニーズというものは難しいもので，②の美ボディから③の感動を得るかというのは，人によって違います。

　この感動を知るには，前章でお伝えした，「感情とは何か？」と「感情がどのように作られるか？」を理解する必要があります。

　ここで，改めてニーズ構造を見てみましょう。

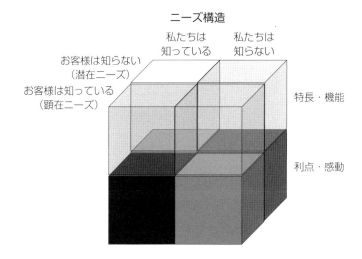

ニーズ構造

お客様への付加価値の種はどこに現れたでしょうか？

　そうです。**付加価値は，お客様が利点・感動を得るところに現れる**のです。正確には，特長を使って，利点・感動を得る**プロセスと結果**に現れるのです。プロセスなのか結果なのかは，対象が企業なのか個人なのかによって違いますが，企業は結果重視，個人はプロセス（の中に現れる感動）重視といえるでしょう。

　ここで注意していただきたいのは，**お客様は（私たちも），商品の特長を理解しただけでは，利点を得られるとは限らない**ということです。

　つまり，**世界初の商品を創り，役に立ち続けるためには**，ニーズの裏のニーズをつかむこと，ニーズの裏のニーズを叶える特長を創ること，だけでなく，**その特長を"使って，ニーズの裏のニーズを叶える"ところまでをサポートする必要がある**のです（このサポート部分は，第7章「価値実現の構造」でお話していきます）。

　先に，ニーズ構造を理解することにより，**機能的に他社と変わらない商品を**作ったとしても，お客様が買うか買わないか，役に立つと感じるか感じないかについて大きな差が出るとお伝えしたのは，このことです。

　もし，キーエンスの営業が一般的な営業しかできないとしたら，商品の特長・機能がいかに素晴らしく，それを使うことで素晴らしい利点を導き出せる商品だったとしても，営業担当がその利点を導き出すための**"使い方"**を伝えることができなければ，お客様がその**利点を手に入れることができない**のです。

　キーエンスがコンサルティングセールスを，単なる営業手法として考えているだけでなく，価値創造をしていくことにおいて，とても重要な役割を担っているように見えるというのは，こういう意味があると思っています。

3 ニーズ探索の手法

　ここでは，実際にニーズを探索していくための具体的手法を説明していきます。

　その手法の代表例が，コンサルティングセールスだと考えています。

　このニーズの探索は，企業と個人でポイントが異なりますが，まずは全体像としてのコンサルティングセールスにおけるニーズ探索についてお話していきます。

　なお，ここから，ニーズ探索の手法の説明からコンサルティングセールスの説明に変わっていきますが，なぜニーズ探索の手法の説明でコンサルティング

セールスを語るのか，最後にはご理解いただけますので，ご安心してこの先も読んでみてください。

(1) コンサルティングセールス

私の定義によるコンサルティングセールスは，一般的にセールスと呼ばれる人たちが行う営業活動という意味だけでなく，お客様のニーズの裏のニーズ・背景までを取得し，そのニーズの裏のニーズを，自社の中枢である商品企画に提供する，いわば**商品企画の触覚の役割**も担っています。これは，もしあなたの会社が小売や外食，IT 企業であったとしても，役に立つ考えだと思います。

私がクライアント企業から相談を受けた時に，最初に経営者から確認し，提案することが多いのは，このコンサルティングセールス（ニーズ探索と価値実現）の部分です。

クライアント企業が，どの程度お客様のことを知っていて，お客様に対して商品がどれくらい役に立っているかをどこまで理解しているか，そしてニーズを探索し，理解し続ける構造を持っているか。これこそが，企業における価値構築においての肝だと考えているからです。

ニーズ探索がうまくいけば，新商品開発もそうですが，マーケティングプランの刷新にも役立つ情報が手に入ります。

逆に，このニーズ探索と価値実現が壊れている組織は，他のどんな手を打ったとしても，コストダウンやリスク軽減以外において，劇的な変化を起こすことは難しいと考えています。

キーエンスにおいても，コンサルティングセールスは単に現場で営業をするだけの人ではありません。お客様の潜在ニーズを引き出すことができ，**他社との差別化**を正確に図ったうえでお客様への価値提供ができるチームとして，とても信頼されているように見えました。

では実際に，コンサルティングセールスとはどのようなことなのでしょうか。その目的から見ていきましょう。

<コンサルティングセールスの目的＞
　お客様を成功に導こうとするひたむきな姿勢を基礎とし，お客様に最適な意思
決定をしていただくためのサポートをすること
　＝「お客様が最適な意思決定を行うこと」（売ることではない）

　売ることではないと書いてあると，少し甘い考えのように見えるかもしれませんが，そんなことはありません。

　お客様を成功に導こうとするひたむきな姿勢を基礎としたうえで，**お客様が最適な意思決定をした結果，"私たちが選ばれていること"**，それが，コンサルティングセールスのプライドです。

　そのためには，お客様にとって最適な意思決定をしていただくたためのニーズを探索し，引き出すことや，付加価値となる情報の提供をします。もし，それらをしっかり行ったうえでも私たちを選んでいただけなかった場合は，自社商品がお客様のニーズを叶えることができなかったことになるので，商品企画部署に対して，その叶えることができなかったニーズを提示します。そこから改善のループが生まれていくのです。

　次に，コンサルティングセールスによって具体的にどのようにニーズを探索

<コンサルティングセールスの面談プロセス＞

オープニング
（面談で話し合う内容についての合意）

プロービング
（ニーズの徹底的な探索）

お客様のニーズ

サポーティング
（ニーズを叶え，実現する方法の提示）

クロージング
（協力して進む次のステップについての合意）

していくのかをみていきましょう。

　前記のようなお客様との面談プロセスの中で探索していきます。

　この面談プロセスは，コンサルティングセールスが**1回の面談**において，どのようにお客様と会話するかについてのプロセスです。

　リード，アプローチ，ヒアリング，デモ，商談化，受注というような，いわゆる商談プロセスとは異なります。

　この面談プロセスの中で，プロービング（ニーズの徹底的な探索）がニーズ探索部分です。この面談におけるプロービングの目的は，以下のようなことです。

<プロービングの目標>
ニーズについて明確に，完全に，認識のずれなく理解している状態
●明確に理解するということの定義
　お客様のニーズ1つひとつに関して，
　・具体的にどういうことかがわかっている。
　・なぜ，それが重要かわかっている。
●完全に理解しているということの定義
　お客様が意思決定をするにあたっての
　・すべてのニーズがわかっている
　・それらニーズの優先順位もわかっている
●認識のずれなく理解しているということの定義
　・お客様がイメージしているニーズの絵とまったく同じ絵をセールスが描ける

　面談中，ここまでの定義をもって，ニーズの探索を考えたことがあるでしょうか。私はこの定義を見るときは，いつも自戒の念を込めて，

ニーズの探求に終わりはない

"わかっている"と思った瞬間に二流になる

と考えています。

　また，営業においてスランプに入ってしまった人から相談を受けた時も，この定義を認識してもらうようにしています。

　営業でスランプに陥る人は，過去のどこかで，お客様，商品，お客様と商品の関係性などにおいて**"わかった"**と勘違いしてしまい，小手先のプレゼンテーションや新しい商品に頼ってしまうのです。

　その小手先がお客様のニーズに偶然当たった時は，売れるかもしれませんが，お客様や市場，商品が変わると，また売れなくなります。また，トップセールスパーソンとして転職をしたはずの人が，別の会社・別の商品で売れなくなる理由の1つが，何かのプライドが邪魔をして，この定義に反した（お客様をより理解するということをやめた）ことと考えています。

⑵　ニーズ探索の手法（質問・観察・五感・五感以上）

　では，具体的にニーズの探索とはどのようなことを指すのでしょうか。

　①　**質問をして，聴く**
　②　**観察する**
　③　**五感で感じる**
　④　**五感以上のことで感じる**

ということです。

①　質問をして，聴く

　まずは①について，1つの例を追って理解をしていきましょう。

　　営業部に50台のタブレット導入を検討中のお客様に対して，セールスがプロービングを行い，「ニーズを明確に理解」する例です。
　　導入の意思決定にあたって，お客様が口にしているニーズは次の2つです。
　　●ニーズ1：便利なものがいい
　　●ニーズ2：使い勝手のよい機種にしたい

　お客様に買っていただけないセールスは，この時点で会社に戻ってきて，ニーズ1とニーズ2の言われたことを素直に受け止めます。そして，iPadだったりサーフェスだったりと，高機能で素晴らしい商品を提案しようとします。さらに，何ページにもわたる提案書を作り，提案しにいくことでしょう。

　お客様への提案後は，お客様からは"ありがとう。こんなにも考えてきてくれたんだね。検討するよ"と返答をもらいます。

　そして，その後，返答が来ないか，後日"ごめんね，他の会社で決まっちゃったんだよ"と言われてしまい，**買っていただけることはありません。**

　どこかで見たことのあるような流れでしたが，何が問題だったのでしょうか？　それでは，しっかりとニーズを探索したバージョンを，ロールプレイング形式で見てみましょう。

セールス：○○様，先ほど**便利なものがいい**とおっしゃったのですが，便利なものがいいというのは，会社様によってはいろんな意味を持ちます。御社にとっては具体的にどういうことを指すのでしょうか。

お客様：あー。それはね，**起動が速くて，ネットにいつでもつなげられる状態**がいいね。

セールス：ありがとうございます。起動が速く，ネットにいつでもつながる状態ですね。かしこまりました。ちなみに，それらの機能は御社にとってなぜ重要なのでしょうか？

お客様：実はさぁ，うちの会社のセールスって**結構出張してる**んだよ。でも**書類作成と情報共有**って，早くしてほしいじゃない。

セールス：確かにそうですね。書類作成と情報共有は営業効率を大きく左右しますからね。ちなみに，セールスの方々はどれくらい出張に行かれるんですか？

お客様：月の半分は行ってるよ。**10日間くらいは出張に出てる**かなぁ。

セールス：それは大変ですね。かしこまりました。先ほど使い勝手のよい機種にしたいともおっしゃっていたのですが，そちらは具体的にはどのようなことでしょうか。

お客様：あー，それはね，**画面が見やすくて，文字が正確に読めて**，あと忘れちゃならないのが**仕事に特化した構成**だね。

セールス：ありがとうございます。画面が見やすくて，文字が正確に読めて，仕事に特化した構成ですね。こちらはなぜ…？
お客様：だって，タブレットって，**そのままを渡すと遊んでしまうでしょう**。あと，**高機能だといろんなアプリがあって迷っちゃうんだよね**。
セールス：そういうことですね。
お客様：うちも**結構定年に近い社員も増えてきていて**，**画面が見づらいと使いづらいって言うんだよ**。
セールス：そういうことですね。便利なものがいいということと，使い勝手のよい機種にしたいということについては理解させていただきました。タブレットの購入にあたって他に重要なことはありますか？
お客様：ん～，あとは……

　さて，ここまでで，下記のようなことがわかりました。

導入にあたり考慮したいニーズ	具体的に何？	なぜ重要（ニーズの裏のニーズ）	ニーズを生んだお客様の状況
ニーズ1便利なものが良い	起動が早いこと，ネットにいつでもつなげられる状態	出張の多いセールスの書類作成効率と情報共有を早くしたい	セールスは10日間くらいの出張をすることが多い
ニーズ2使い勝手の良い機種にしたい	画面が見やすく，文字が正確に読めなければならない，かつ，仕事に特化した構成	タブレットはそのまま渡すと，遊んでしまったり，高性能のため色々なアプリがあり迷う	定年に近い社員も多く，画面が見づらいと使いたくないといっている

　まずは，ここまででニーズについて考えていきましょう。
　顕在ニーズであった，便利なものがいい，使い勝手のよい機種にしたい，という状態から，表のような深いニーズが出てきました。
　特に，「なぜ重要（ニーズの裏のニーズ）」の中にある書類作成効率と情報共有のスピードは，企業の"生産性"に資するものであり，ニーズ構造でいう，お客様も，私たちも知っているお客様の利点部分に当たります。

ニーズ構造

もし，導入費用がかかったとしても，この生産性がそれ以上の価値をもたらすことになるのであれば，価値を訴求する時に，導入費用との対比に使えます。

また，今回はタブレットの導入でのヒアリングですが，書類作成効率と情報共有のスピードをアップすることができるソフトウェアなどを自社製品として持っている場合には，一緒に提案することが可能になります。

さらに，"ニーズを生んだお客様の状況"から，セールスが10日ほど出張に行っているということは，出退勤をクラウド型のソフトで処理をして，リアルタイムでの確認をすることなどについてもニーズがあるかもしれません。

このように，ニーズをより明確に理解していくためには，質問を活用し，お客様のニーズを引き出します。特に，ニーズの裏のニーズを聴く際には，次ページの探求質問を使います。探求質問は，潜在ニーズの中の秘密部分が聴けることが多い反面，お客様との信頼関係がなければ尋問のように捉えられてしまいますので，信頼関係の構築を事前にしておく必要があります。

また，私たちは知っているが，お客様は知らない部分については，ただ単に"なぜですか？"などという質問をするだけでは，ニーズが出てくる可能性は

低いです。

　その場合には，利点・変化の部分について質問をし，その部分に興味があるかを引き出してから会話します。

　例えば，下記のような例です。

> セールス：○○様，私が考えるに，導入することで御社の生産性がさらに上がる可能性のあることを見つけました。その点についてお話させていただいてもよろしいですか。
> お客様：生産性が上がるの？　これまで話していたこととは別で？
> セールス：はい。
> お客様：もちろん，ぜひお聞きしましょう。どんなこと？
> セールス：ありがとうございます。実は……

　このように，人は利点・変化に興味があるものです。もちろん，信頼関係があっての話ですが，利点から質問をして，ニーズを引き出すとよいでしょう。

　コンサルティングセールスにおける質問話法については，さまざまな書籍が出ていますので，そちらを読んでいただくのがいいと思います。ここでお伝えしたいことは，ニーズ構造を理解し，ニーズを探索することです。

　さて，先ほどのタブレット導入の例で，この後も，もちろんセールスはお客様のニーズの探索を進めていくのですが，この面談の締め括りはどのようにするとよいでしょうか？　私が考えるには，下記のような締め括りになります。

> セールス：○○様，本日は誠にありがとうございます。次回，もう一度ヒアリングのご機会をいただいてもよいでしょうか？
> お客様：なんで？
> セールス：先ほど○○様が仕事に特化した構成がよいとおっしゃっていたので，次回は弊社の技術の者を連れて，改めてこの仕事に特化した構成の仕様につい

て詳しくお伺いしたいと思っております。そちらのご要望を合わせたうえでご
提案させていただくことで，より最適なご提案ができると考えております。い
かがでしょうか。

お客様：そういうことね。じゃあ，よろしく。

この後に，技術担当者も連れて訪問し，再度徹底的なヒアリングをし，仕様
を確定して提案をすると，どのようなことが起こるでしょうか？

この提案がもし先方の予算内であれば，**"相見積りを取られることなく"**受
注になる可能性が高まります。

これは，なぜでしょうか？　それは，ニーズの裏のニーズをつかんでいるこ
とと，その深さが差別化要素になっているためです。

お客様の気持ちになってみればよくわかります。しっかりとヒアリングして
くれたセールスが，再度技術担当者を連れてきてさらに深くヒアリングして，
仕様を考えてくれて，提案してくれた。この状況において，差別化にかかるポ
イントが2つあります。

1つ目は，仕様を明らかにできたのはセールスの成果であり，他社に再度ヒ
アリングされたとしても，その**仕様をうまく話せない可能性**が高いこと。

2つ目は，1つ目の仕様をうまく話せない可能性がある中で，再度同じよう
な面談を他社と組んで，ニーズや仕様を話すということが**面倒である**という気
持ち。

これらが相まって，提案内容がもし先方の予算内であれば，"相見積りを取
られることなく"受注になる可能性が高いということになるのです。つまり，
ニーズの探索自体が，差別化に貢献していることにつながるのです。

②　観察する

観察するということにおいてのメリットは，大きく下記の3つです。

● **お客様の反応から，ニーズ構造の探索において私たちがどこにいるかがわ
かる**

- ●お客様の状況・環境が，聴く内容だけでなく，絵として理解できる（百聞は一見に如かず）
- ●お客様との信頼が深くなる（同じ絵を見た共感）

それぞれ詳しく見ていきましょう。

●お客様の反応から，ニーズ構造の探索において私たちがどこにいるかがわかる

これは，電話と対面との違いだと思っていただくとわかりやすいと思います。こちらの質問に対するお客様の態度，その返答の仕方で，私たちが "開放" 領域を聴く質問をしたのか，"盲点" 領域を聴く質問をしたのか，"秘密" 領域を聴く質問をしたのか，"未知" 領域を聴く質問をしたのかがわかります。

"開放" 領域を聴く質問をした時は，お客様の反応は，「そんなこと知っているよ」という顔を見せたり，得意げに答えたり，普通に答えてくれたりします。時には，「なんでそんな当然のことを聴くんだ」という反応が見えたりもします。

"盲点" 領域を聴く質問をした時は，お客様の反応は，じっくり考える，「えっ」という感じで驚かれる，上を向いて考える，など反応が明らかに変わります。「わからない」などの反応が返ってくることもあるでしょう。

"秘密" 領域を聴く質問をした時は，「いや，わかってるんだけど，答えにくいよね～」「目の前のこの人に話して大丈夫かな？」「ん～，どうしようか…」というような迷いの反応を見せられます。信頼関係がない状態で聴いた時には，「それは答えられません」というような返答で返ってくることもあるでしょう。

"未知" 領域を聴く質問をした時は，"盲点" 領域を聴く質問をした時と，お客様の反応は変わりません。では，"未知" と "盲点" で違うのは何だったでしょうか？　そう，私たちが知っているか知らないかです。

あなたは，自分の知らないことを聴く時，どのような気持ちになるでしょうか？　そこに強い関心を持って聴くことができるでしょうか。自分が知らないことなのに聴いて大丈夫かな？　という不安を覚えたりしませんか？

　もしそのようなことがあるとすれば，これは私たち自身がお客様との信頼関係を疑っているか，そして自分自身のことを疑っている（自信がない）ということになります。

　そうすると，私たち自身が不安になり，"未知"の質問が聴けなかったり，聴いた後で不安になり，それがお客様に伝わって**"答えるのが不安"**にさせてしまったりするということが起こります。

　このように，お客様と私たち自身を観察することで，ニーズ構造の立ち位置を理解できるのです。

●お客様の状況・環境が，聴く内容だけでなく，絵として理解できる（百聞は一見に如かず）

　さて，観察することの2つ目のメリットですが，みなさんはこんな話を聴いたことがあるでしょうか？　目の見えない人たちが6人で，順番にある物を撫でていったのです。それぞれの印象はこのようなことでした。

　1人目：柱のようです。
　2人目：綱のようです。
　3人目：木の枝のようです。
　4人目：扇のようです。
　5人目：壁のようです。
　6人目：パイプのようです。

　これは，いったい何なのでしょうか？

　どういうことかというと，次の図を見てください。

　こういうことです。

　さて，これは「群盲象を評す（撫でる）」という有名なお話なのですが，この話を初めて聴く人も，どこかで聴いたことがある人も，上の図を見て，"なるほどね"と思ったのではないでしょうか。

　これこそが2つ目のメリットである，**"お客様の状況・環境が，聴く内容だけでなく，絵として理解できる"**です。

　ここで最も重要なことは，私たちがお客様先に伺った際には，

　"私たちは象を見たことがない"

状態だということです。

　象のことを知らないのに，"私は柱のような，綱のような，木の枝のような，扇のような，壁のような，パイプのような生き物なんです"と言われたら，あなたはその相手をどう思いますか？

　「なんだ，その生き物は⁉　この人は話のわからない人だ！」と思ってしまわないでしょうか。

　この象は何の比喩かというと，お客様を取り巻く環境すべてを指します。お

客様の言葉の中には，お客様を取り巻く環境が，**全体像でなく断片的に出てく**るのです。

　では，私たちはどうすれば，見たことのないこの**象の姿**を知ることができるのでしょうか。そう，電話だけで話を聞いたり机に向かっている状態で打ち合わせをしたりするということが群盲象を評すという状態ですから，実際の**現場に行って，観察する**ということが，この状態の解決策です。

　例えば，提供している商品が，オフィスワークへの価値を提供する商品なのであればそれを使っている現場を，コールセンターに価値提供するのであればその現場を観察するのです。

　実際にキーエンスのセールスは，お客様の現場によく出向きます。"現場を見せていただけますか？"と，この一言と関心が伝わった時，お客様は喜んで現場を見せてくれます。そうすることで新しい発見がみつかるのです。導入先であったとしても，もともと私たちの想定とは異なる方法で使っていてうまく動かない状態の方もいれば，逆に，「そんなやり方があるんですね！」と教えられることもあるのです。

　"現場を観察する"ということは，B to C の場合は見えづらいのではないかと思われるかもしれません。B to C の場合，誰がお客様なのでしょうか？　周りにいる人なのではないでしょうか？　ターゲットをペルソナレベルで絞っていれば，そのペルソナに似た人は，街中を歩いていればたくさん出会えるでしょう。

　その人たちがどんな生き方をしていて，どんなことにニーズがあるか，観察していれば自ずと見えてきます。実際，ある有名な B to C 企業のマーケティング部長は，1週間のうち3日は，ターゲットが商品を買う現場（ドラッグストアなど）に行っていたそうです。

● お客様との信頼が深くなる（同じ絵を見た共感）
　お客様と同じ絵を見ることができた私たちは，同じ絵を見たことによる共感を得ることができ，信頼を深めることができます。

　ここで，“信頼とは何か？”，“信頼を深めるとはどういうことか？”という疑問もあると思います。

　私は信頼を，**“リラックスできること”** と置き，信頼を深めることは，**“今より負の感情が伴うことを共有するときでも，リラックスできること”** と考えています。どういうことか，例を出してお話します。

　少し恥ずかしがり屋の子ども，名前はツヨシくんという子をイメージして欲しいのですが，あるとき，ツヨシくんがテストで少し悪い点数をとってしまって，答案を机の中に隠していたとします。

　友人Aくんがそれを見つけて，“え〜！　ツヨシくん，そんな点数だったの〜，うわ〜”と言ってきたとします。このとき，ツヨシくんはどんな気持ちになるでしょうか？　とても嫌な気持ちになり，Aくんにだけは，どんな秘密もばらさないように強ばり，拒絶するのではないでしょうか。

　逆に，別の友人Bくんがそれを見つけたときに，“ツヨシくんもそれぐらいの点数だったんだ。僕も今回は難しくて……。よかったら今度みんなで一緒に勉強しようよ”と言われたらどうでしょうか。

　心を開いて，リラックスして一緒に勉強したり，わからないところを教えてくれたり，教え合えるのではないでしょうか。

　恥ずかしがり屋のツヨシくんにとっては，テストの点数を見られることは**“今より負の感情が伴うこと”**だったと思います。信頼を得ることができるかどうかは，まさにこのときに**“共有しても，リラックス（安心）できた”**かどうかです。

　Aくんは，ツヨシくんに対して，安心できない状況を作ってしまったと思います。今後，ツヨシくんがAくんに対して秘密を話すことは，よほどのことがなければないでしょう（子どものことですから，そうでもないかもしれませんが）。

　逆にBくんは，これをきっかけにしてツヨシくんの信頼を得たことでしょう。同じくらいに**“今より負の感情が伴うこと”**までであれば，Bくんには**信頼**

（リラックス）して話すことができるでしょう。

　お客様を観察してニーズ探索を進めていくと，ツヨシくんのテストと同じようなことが見えてくるのです。例えば，私も現場に同行させていただいたときに，現場の方が"いや，お恥ずかしいことに……"，"ここの部分はまだ改善できると思うんですが……"と，恥ずかしがったり，少しの無力感であったりを感じているような言葉を使われることもしばしばです。

　そのときAくんのように，"そうですね。だめですね"と言ってしまったら（現場を見にいきたがる人にそんな人はいないと思いますが…），お客様はあなたへの信頼をなくし，秘密領域を話すことも見せることもなくなるでしょう。

　逆に，Bくんのように"ご苦労お察しします"，"何よりすでにここまでお作りになられているのがすごいと思います。さらなる改善にご一緒できるのが嬉しいです"と伝えれば，お客様はあなたへの信頼をいっそう強化し，他の秘密の部分も見せてくれることでしょう。

　秘密領域が開けば開くほど，信頼は深まっていきます。そうすると，いつしか他の誰もが見たことも聴いたこともないニーズ探索の深みに行き着くはずです。

③　五感で感じる

　ここまでは，聴覚情報，視覚情報でのお話をしてきました。ここでは五感のうちの残りの感覚（体感覚，嗅覚，味覚）も活用して，ニーズを探索するということです。

　概念は「群盲象を評す」に近いのですが，どちらのほうが理解できるか，体感し共感できるか，ということです。

　簡単な例を挙げてみましょう。

　AさんとBさんが材料調達の営業をしていたとします。お客様から"ふぅわっふぅわの布団を作りたいんだ！　だから材料を探してきてくれないか？"

と依頼されました。Aさんは"わかりました！"と言って探しにいきます。B
さんは依頼を聴いた後に，"ちなみにどんな感じなのか，もう少し詳しく教え
てくれませんか？"と伝え，"サンプルとしてはこんな感じなんだ"と聴き，
ポフッっと顔で感触を確かめ，"これ，本当にふぅわっふぅわですね！　ふ
わっとしながら，少しもちっとする感じもあるんですね！　わかりました！
この感覚を忘れないようにして探してきます"と，体感覚部分でも共感して探
してきたとします。

　AさんとBさんとで，お客様のニーズに合う材料を見つけることができる可
能性はどれだけ違うでしょうか。

　これは体感覚の例ですが，もちろん嗅覚や味覚も重要です。また，現場に出
ると，ちょっとした違和感も五感を通じて感じるものです。

　私たちだけが知っている香りや味，お客様が秘密にしている香りや味，私た
ちもお客様も知らない香りや味……。この領域は私自身も開発半ばではありま
すが，お仕事によってはとても深い領域にもなり，大きな付加価値の種となる
ニーズが眠っているのではないかと思います。

④　五感以上のことで感じる

　これは，霊感やスピリチュアルなお話というわけではなく，少なくとも私た
ちは**五感を統合して感じる能力**や**ミラーニューロン（他者の情動を感じる細
胞）**などを持っているということです。得意・不得意の差はあれ，視覚・聴
覚・体感覚・味覚・嗅覚を分けて感じるだけでなく，全体的な雰囲気を捉える
ことや，"なんとなく"相手の気持ちがわかることもあるはずです。いわゆる
"直感"と呼ばれる感覚です。

　正直なところ，そういった"直感"は不意に訪れますので，ニーズの探索と
して科学的に活用していく方法を語るのは難しいのですが，だからこそ，この
"直感"が訪れたときには，ぜひその正体を検証していただきたいと思います。
これは私の経験則ですが，一段階以上深いニーズが現れる可能性が高いです。

⑶　ニーズ探索のまとめ〜企業が感じる利点・価値〜

　ニーズ探索の手法のまとめとして，ニーズ構造の各部分を探索するためにどのようにすればよいかをみていきましょう。

　まず，"お客様が求める価値"のどの部分を探すかによっても，探索する方針が変わります。ここでは，企業が感じる価値についておさらいしながら見ていきましょう。

①　付加価値はそのままで，時間 or 金を最小にできる

　今，お客様の会社で起こっている事象を聴いていくことで，お客様が顧客に提供する価値を減らすことなくコスト（作業量や単価）を下げることができることはないだろうか？　という方針で探索していきます。

②　リスク（未来の時間・金）を減らすことができる

　今は起こってはいないが，未来に"何か"があったときに，お客様の会社に対してコスト（作業量や単価）がかかってしまう。その"何か"とはなんだろうか？　ということで探していきます。

　例えば，保険などもそうですが，他にも安定供給してほしい材料や，装置の故障時の保守を早くしてほしい，などもこのニーズを表しているでしょう。

③　価値が向上する（利益が上がる）

　私たちが商品を提供することで付加価値が向上するとは，どのようなことでしょうか。

　例えば，私たちが飲食店向けに食器を販売しているとします。ただの白い皿と，高級そうな豪華な皿があったとします。白い皿は1,000円，豪華な皿は1万円です。これらの皿を飲食店に販売するとします。

　①の"付加価値はそのままで，時間 or 金を最小にできる"という観点での価値で見れば，完全に白い皿のほうがよいでしょう。

　しかし，白い皿でサラダを提供すれば，価格は400円くらいが妥当そうですが，豪華な皿で提供するならば，800円でも飲食店のお客様には喜ばれそうだとします。

　このとき，800円のサラダをオーダーされたなら，豪華な皿を使うことによる白い皿に比べた付加価値向上額は，サラダ1皿当たり400円（800円－400円）となります。1日10食売れたとして1日4,000円，1年間で300日営業したとすると，その豪華な皿の，白い皿に対する付加価値向上差額は120万円（＝400円×10皿／日×300日）になります。

　1,000円の皿では手に入らなかった付加価値が，1万円の皿を使うと手に入ります。皿の原価を引くと，約119万円の利益になります。

　　※この例は簡単に説明するためのもので，実際に皿を買うだけで飲食店での単
　　　価を倍にできるわけではありません。

　大切なのは，この付加価値が向上するためのニーズをいかに見つけるかという方針です。それは，上記の例のように**お客様が価値提供をするお客様のニーズは何か？**　を探索することで見つかります。

　上記の例で，お客様（飲食店）がいい雰囲気のレストランで，そのお客様は，**非日常を味わいたい**と思っているような状態であれば，800円の豪華な皿に盛られたサラダを食べたいかもしれません。

　しかし，もしお客様（飲食店）が気軽に入れる居酒屋で，そのお客様は**安くて楽しめるのがいい**と思っている方だとすると，400円のサラダのほうが魅力的でしょう。

　このように，付加価値を向上させるニーズは，お客様が価値提供をするお客様のニーズは何か？　を探索することで見つかっていきます。

　また，この理解のためには，"人が感じる価値"の概念がとても重要になりますので，次節も併せてお読みください。

⑷　ニーズ探索のまとめ〜人が感じる利点・価値〜

　では，人が感じる価値について見てみましょう。

①　今より便利に今と同じ感情を味わえる

　これは企業と一緒で，お客様が今の感情状態をキープできる状態で，今より便利（金額が安い・時間が短い）にできるところはないかを探索していきます。第3章で，感情とは体感覚であるということをお話していますので，今の感情状態をキープするためには，お客様に労力をかけさせることはマイナスの価値になる可能性もありますのでご注意ください。

　簡単な例は，スマートフォンのプラン変更のようなことです。ほぼ変わらない使い心地のスマートフォン（今の感情状態をキープできる）で，通信量を多くできたりプラン料金を安くしたい，というようなニーズのことを探索します。

　私はこの価値のことを**置換価値**と呼んでいます。ただし，この価値を手に入れるために，労力がかかること（上の例であれば，スマートフォンを扱う店舗との往復する時間，待ち時間，往復する労力がかかること）はマイナス価値の要因になりますので，ここをどのように解消するか，その時間をよりよい時間にできるかは，私たち側がどのように価値提供の仕組みを構築するかによります。

②　辛い感情を感じるリスクを減らすことができる（リスク軽減価値）

　例えば，子どもが自転車に乗っていたとして，不意に転倒してしまったとします。よくも悪くも命に別状はなかったのですが，子どもの頭に，長く残りそうな傷ができてしまいました。

　その時，その子の親はどんな感情になるでしょうか？　それまでは日々に満足していたにもかかわらず，"悲観"・"心配"・"落胆"・"罪悪感"という感情に変化してしまうのではないでしょうか。

　まだ起きてはいないけれど，起きたとしたら辛い感情を感じる可能性がある

ことを避けたいと考える人は（もしくはそのニーズを引き出せば），その対策となる商品を購入することでしょう。

　今回の場合は，ヘルメットを購入し，自転車に子どもが乗る時は被らせるようにするでしょう。ヘルメットは，この辛い感情を感じるリスクを減らすことができる製品として購入されるのです。

　私はこの価値のことを**リスク軽減価値**と呼んでいます。

③　今より高い位置の感情を味わうことができる（感動価値）

　私が，これからも（これまでも）最も大切な部分だと考える領域がこの領域です。まさにこの部分に高付加価値があると考えています。

　①の置換価値も②のリスク軽減価値も素晴らしいのですが，今の感情をベースに考えられています。つまり，既知なのです。想像以上の**今より高い位置の感情を味わうこと（感動価値）**を求めるニーズに，高付加価値の種があるのです。

　そして感動価値のニーズを探索することに長けていれば，ビジネス上で困ることはないといっても過言ではないと思います。

4　より深くニーズを探索していくために

　第4章でもご紹介した「エイブラハムの感情の22段階」は，人の感情を階層で表しています。ここで示される7段階目に「満足」があります。

　特にこの本が出版される年（2021年）においては，新型コロナウイルスの影響で多くの人の生活が変わり，多くの人の感情は揺れ動き，コロナ以前よりも比較的満足度の低い段階の感情を経験したのではないでしょうか。

　家にいる人は退屈を味わっているでしょうし，家族との不調和により葛藤を味わっているかもしれません。仕事を失い人生に失望した人や，不安に駆られている人，さらには，これからの人生に恐怖している人もいるかもしれません。この人たちは，**今の辛い感情を解消し，満足な段階まで到達できること**を望ん

でいます。このようなニーズを解決できることは**感動価値**の中でも**満足価値**として認識しています。

　新型コロナウイルスの影響以前は，このような満足より下の感情（不満状態）の人は比較的少なく見受けられたのですが，新型コロナウイルスの影響下において，不満状態を解消するという市場（満足価値の市場）はとても大きな市場になったと思います。

　さらに，すでに満足している人や希望や楽観状態にある人も，より高い位置の感情（熱中や情熱，喜び，自由）を感じることを求めています。このニーズを満たすことは，感動価値の中でも**“高価値”**であると考えています。

　例えば，ストレス解消のために行く旅行は，予算が5万円程度かもしれません（それ以上使うと余計ストレスがたまるため）が，日々に満足している家庭が，プチ贅沢を味わうために行く旅行は，予算が20万円〜100万円くらいになるのではないでしょうか。**不満解消と贅沢を感じるため**とでは，使う金額は大きく変わるはずです。

　では，この**感動価値（満足価値・高価値）**のもととなるニーズは，どのように探索していけばいいのでしょうか。そのためには，私たち自身が感動価値とは何かを理解しなければなりません。

　感動価値とは，"感動"による価値を表します。第3章のとおり，**感動とは感情の位置が動くこと**であり，**感情とは体感覚**ですから，**感動価値を理解する方法は，その感動を体感するということ**なのです。

　つまり，机上ではわからないということです。本でも，写真でも，YouTube（動画）でもわかりません。実際に**体感**するのです。私たち自身がニーズの根元となる感動価値を理解することから，このニーズの探索は始まるのです。

　では，感動価値へのニーズの探索を，開放・秘密・盲点・未知の領域の観点から解説していきましょう。

⑴　開放領域での感動価値

　まず，開放領域での感動価値に対しては，すでにお客様はその価値を得る方法を知っていますから，サービスをすでにリピートしています。例えば，ライブで味わう興奮や，ゲームやスポーツをすることでの熱中感，レジャーランドで味わう喜びなどです。

　この開放領域の感動価値へのニーズの探索は，その場に私たちが出向くことから始まります。例えば，"情熱"という感動価値を理解したいのであれば，情熱をもって何かに取り組んでいる人（経営でもスポーツでも，もちろんゲームでも）と一緒に体感すればよいのです。

　そうすれば，その感動価値を共感し，理解できるでしょう。その感動価値を理解すれば，私たちはその感動価値を別の方法で提供することができるようにもなるはずです。

⑵　秘密領域での感動価値

　秘密領域での感動価値についても，すでにお客様はその価値を知っていて，リピートしています。ただ，開放領域と違うのは，その感動価値を得ていることを周囲に話したり勧めたりしているか，自分だけもしくは信頼した人にだけこっそり話しているかの違いです。このニーズを探索するためには，相手が私たちに対して信頼を寄せて，"実は私，～が好きで"と話してくれた時に，しっかりと関心を寄せて聴き，もし可能であれば，その感動価値を得られる場所に一緒に行かせてもらうことです。

　さて，ここまでで考えていただくと，ただ**一緒に体感しただけじゃないか**と思われるかもしれません。

　はい，そのとおりです。

　しかし，この体感したかどうか，共感したかどうか，理解したかどうかが，私たちが感動価値を創出できるかどうかにつながるのです。先にお話したとお

り，この感動価値を理解していない人に，同じ感動価値を創出することはできません。天才と呼ばれる人たちでも，幼少期から今に至るまで，このような感動価値に触れる経験をし，自分自身そして人が何に感動するかを理解してきたはずです。

　この感動価値を理解しているからこそ，その感動価値を再現することができるようになるのです。このようなことができる人は一般的には"アーティスト的感性がある人"と呼ばれていて，少し遠い存在のように思うかもしれません。

　しかし，私はこのアーティスト的感性は，感動価値を理解すれば（すべてができる，というほど傲慢にはなれませんが）技術として，ある一定の領域までは科学的に再現可能だと考えています。

(3) 盲点領域での感動価値

　この感動価値を理解すること，感動価値を創出することによって得られるメリットは何でしょうか？　あなた自身が感動価値を得ていること自体もメリットなのですが，真のメリットは，この感動価値が**盲点領域**（私たちは知っていて，お客様は知らない）となっている人に対して，ニーズを探索し，価値提供することが可能になるということです。

　例えば，少し肥満で悩んでいて，どうにかしたいと思っている方に，ダイエットプログラムを進めるとします。この時に，「ダイエットプログラムってどうですか？」といっても，お客様は悩み続けるでしょう。

　しかし，もしも私たちが自分自身でダイエットプログラムを体験し，感動価値を得ていたとしたらどうでしょうか？　以下のように話を聴けば，伝わり方が一転するのではないでしょうか。

　　実はこのダイエットプログラムを，私も昨年体験したんです。今はみんなからスリムだねと言っていただけるのですが，もともとの体型はこうだったのです（と言って，太っていた時の写真を見せる）。
　　私自身，運動は嫌いではないのですが好きでもなくて，あえてきつい運動をし

ようとも，食事制限をしようとも思えなかったんです。

　でも，このダイエットプログラムの話を聴いた時に，"楽しそう！"って思ったんです。通常のトレーニングは，トレーナーとマンツーマンだったり，1人でトレーニングしたりだと思うんですが，これは何人かのチームで取り組むので，トレーナーからの励ましだけでなく，チームのメンバー同士でも励まし合えることや，トレーナーとの食事管理だけでなく，チームの友人とも話し合ったり……。

　そう！　実際，チームの人とはヘルシーなランチを一緒にしたりして，楽しくできたんです。いつもの友人と食事をすると高カロリーなものが食べたくなってしまい，とても辛かったのですが，同じ境遇の人と共有できたので，とても安心できたんです。

　あと，これは人によるかもしれないんですが，このチームで取り組むっていうのが私にはとてもよくて，1人だったらついサボっちゃうところを，チームのみんなと約束した時間だから行こうって思えたんです。実際，3か月の期間は苦しいこともあったけど，本当に充実した時間で，プログラムが終わった後もチームの何人かとは，今でも友人として連絡をとっているんです。

　そして，やっぱりスリムになると，周りのみんなの私に対しての見方が変わりました。

　そして何より，自分自身に対する見方が変わりました。実際に痩せることができた達成感と喜びもそうですし，私でも変われるんだっていう希望が出てきたんです。

　いかがでしょうか。このようなダイエットプログラムには，いくつかの感動価値が潜んでいます。

① 　太っている→スリムへの変化と，その変化を実際に体感した人が語る臨場感

② 　一般的に辛いと思われるダイエットプログラムが，楽しそうに語られていること

③ 　友人ができるかもしれないということによる孤独感からの開放

④ 　チームで行えば，自分でもできるかもしれないという希望

そのほかにもあるかもしれませんが，重要なことは，このプログラムを体験

することでニーズが満たされて感動価値を理解した人が話すか，このプログラムによる感動価値を知らない人が話すかで，伝わり方がまったく異なるということです。

　ちなみに上の文章を見ると，「これはニーズの探索ではなく，プレゼンテーションではないのか？」と思われるかもしれません。

　そのとおりです。

　感動価値におけるニーズの探索は，私たちが感動価値を理解するために感動価値を体験したように，お客様にも感動価値を体験させることこそが，ニーズの探索につながるのです。

　もちろん，その感動価値を提示しても"興味ない"と言われる可能性もあります。しかし，お客様も私たちと同じ人間ですから，私たちが感動した価値に共感してくれる方は一定数いるでしょう。

⑷　未知領域での感動価値

　最後に，感動価値の**未知領域**はどのように探索していけばいいのでしょうか。私たちも知らないお客様も知らない未知の領域です。ロマン溢れた領域ですね。

　正直これは私にもわかりません。わからないというのは，たくさんの要素がありすぎてわからないということです。歴史を学んだり，新しいテクノロジー（AI・ロボット・AR・VR・MR・その他たくさん）を体感したり，世界の旅に出て，そこの人たちがどんな生活をしているのかを体感したり，VRとライブを混ぜたイベントを体感したり，宇宙にいってみたり……。そして，それらを1人で体感したり，家族で体感したり，友人と体感したり，はたまた何十人もが一緒に体感したり，**この世界にはまだまだ感動価値がたくさんある**と思います。そうしてできた，未知の感動価値をくっつけたり組み合わせたりすることで，私たち自身の感動価値を無限に作っていくことが可能になるでしょう。

⑸　ニーズ構造における探索の方法

　ここまでは，

●企業が感じる利点・価値

●人が感じる利点・価値

という切り口での探索方法をお話してきましたが，まとめの最後は，ニーズ構造における探索の方法です。

①　開放・特長部分
●お客様も私たちも知っている特長・機能部分

　開放・特長部分のニーズは，お客様からご要望として最初にお話いただける内容です。ここを聴くためのコツはありません。唯一あるとすれば，私たち側がプレゼンテーションをしたいという気持ちを抑えて**"黙る"**ことです。私たちが黙れば，この部分は勝手に話してくれます。このとき，お客様に関心を持って観察もしましょう。そうすることで，お客様の盲点が見えてくるかもしれませんし，関心を持って聴くことで，相手が秘密の領域の扉を開けてくれるかもしれません。

②　開放・利点部分
●お客様も私たちも知っている利点・変化部分

　開放・利点部分のニーズは，開放・特長部分のニーズを聴くことに加えて，探求質問を投げかけます。"その機能を実現することで，どのようなことを達成されたいのですか？""この機能が必要なのはなぜですか？"などの質問です。この質問を投げかけることで，開放・利点部分が探索できます。

　お客様がそれまでに利点について深く考えていなかった時には，この探索が，盲点・利点領域の探索になることもあります。

③　盲点・特長部分
●お客様は知らない，私たちが知っている特長・機能部分

　お客様が知らない，私たちが知っている特長・機能ですので，基本的には，質問をするだけでは引き出せません。

また，お客様にとっては知らなかった特長ですから，"そんな機能があったんだ⁉"という反応になるものです。しかし，その機能によっては，"そんな機能があったんだ。ふ～ん，で？"というように，価値として捉えらず，ただの機能として捉えられてしまう可能性があります。

　お客様が，特長を聴けばすぐに利点を思い浮かべてくれるような天才的な相手でなければ，この部分を次の「盲点・利点部分」より先んじて会話する必要はないでしょう。

④　盲点・利点部分
●お客様は知らない，私たちが知っている利点・価値部分

　こちらは先の例にあったような，"導入することで，御社の生産性がさらに上がる"であったり，"採用とは異なる方法で，人材不足を解消する"であったりと，お客様が"言われれば欲しいと思うが，言われるまでは期待をしていないこと"になります。

　では，この盲点・利点部分はどのようにニーズを引き出せばよいでしょうか。それには，お客様が普段は意識していないであろうことで，利点・価値に関係することを聴きます。例えば，

- 売上をこれまでと変わらないままで，コストが1,000万円減らせるとすれば，ご興味ありますか？
- 今より生産性がアップするソリューションがあるとすればお聴きになりたいですか？

などです。

⑤　秘密・特長部分，秘密・利点部分
　秘密部分のニーズは，お客様は知っている，私たちの知らないニーズですから，ここを探索するためのポイントは，**高い信頼を獲得したうえで**，"**通常他社であれば聴かないこと，聴きにくいこと**"を質問して"**黙って少し微笑む**"ことです。例えば，

- 御社の10年後のビジョンを教えていただけますか？
- マーケティング戦略における問題・課題を3つ教えていただけますか？
- 組織構造の中で，今最も気になることは何ですか？
- 今期の目標に対して，現時点ではどれくらいの進捗なのですか？
- 御社における人事課題はどのようなことでしょうか？

などです。会社の経営や財務，人事，生産性に関わることは，おおよそ率直には聴きにくいものです。もちろん，私たちが実現する価値に関連しないことを聴く必要はありませんが，こういった質問が，私たちも他社も知らないニーズを，お客様が私たちに教えてくれるきっかけとなります。

　もし回答が特長側のニーズであった場合，開放部分と同様，探求質問を投げかけます。"その機能を実現することで，どのようなことを達成されたいのですか？"，"この機能が必要なのはなぜですか？"などの質問です。この質問を投げかけることで，秘密・利点部分が探索できます。

⑥　未知・特長部分，未知・利点部分

　未知とは，お客様も私たちも知らないニーズです。では，私たちもお客様も知らないニーズをどのように見つければいいのでしょうか。それには，コーチングの技術を応用していきます。

　例えば，

- この商品に，この新しい技術を使うと，どのような変化が起こりますか？
- もし仮に，アメリカでこの事業を展開した場合，どんな展開が待ち受けていますか？

など，お客様が本当はほしいけれど意識していない，もしくは気づいていない可能性に意識を向ける質問をし，お客様とともに新たなニーズを探索するのです。

　この未知の探索は，もし探索したとしても何も見つからなければ，お客様としては"何の時間だったんだ？"と不快に思われてしまいますから，お客様との大きな信頼と私たち側の高い知識・質問技術のうえに成り立ちます。

第 6 章

価値創出の構造

この章では，探索されたお客様のニーズから，**価値創出**をしていくための構造について述べていきます。

1 価値創出の目的

● 付加価値ベースによる価格決定をするための構造を知ること
● 価値を創出したうえで，価格を向上させること
● ニーズ構造から逆算された価値を創出すること

前提として，企業が感じる価値と人が感じる価値の定義を再掲します。

価値構築経営の構造

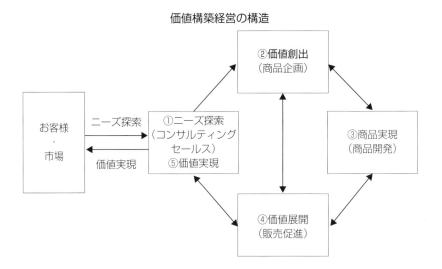

＜企業が感じる価値＞

● 最小の人の命の時間と資本で最大の付加価値を創造する

　① 付加価値はそのままで，時間 or 金を最小にできる

　② リスク（未来の時間・金）を減らすことができる

　③ 価値が向上する（利益が上がる）

＜人が感じる価値＞

① 今より便利に今と同じ感情を味わえる

② 辛い感情を感じるリスクを減らすことができる

③ 今より高い位置の感情を味わうことができる

2 価値創出の構造

価値創出の構造には，2通りのアプローチがあります。

(1) 今ある商品の価値を創出する構造

(2) ニーズ構造の利点・価値部分から逆算して価値を創出する構造

(1) 今ある商品の価値を創出する構造

多くの場合，今ある商品は，コストベースの価格決定になっているか，市場の相場ベースの価格決定がなされているのではないでしょうか。そのため，企業の利益率はその企業が属する市場の利益率に大きく左右されます（Strategic Positioning）。

今ある商品の価値を創出する構造とは，自社で展開中の商品にどのような価値があるのかを再定義するための構造です。

端的にいうと，下記の構造になります。

特長→利点（感動）→価値→価格

バリューテンプレート
特長と利点と価値と価格

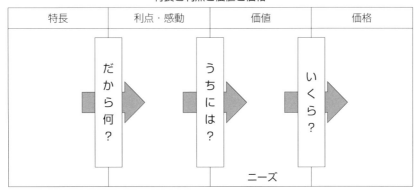

ここでは，コストベースの価格決定に対比して，**"付加価値ベースによる価格決定"** の考え方をお伝えしながら，この価値創出の構造を解説していきます。

下記の例は，ある研修会社の商品です。この情報からあなたは，この研修にいくらの価格をつけるでしょうか。

● 管理職研修

● 幹部 8 人が受講

● 講師が月に 1 回来る

● 1 回 5 時間のレクチャー

● 期間は半年間

● 合計30時間の研修

● テーマは，管理職としての組織マネジメント

実際，この研修の金額はいくらする（した）でしょうか。

私がこの問いをセミナーでした時,

● 100万円までで 5 割ほどの方が手を上げ,

● 300万円までで 9 割ほどの方が手を上げ,

- 600万円までで99％の方が手を上げ，
- それ以上と答えたのは，ほんの数人です。

実際には，この研修は**2,000万円**したのですが…。

さて，なぜ，この研修を受けた会社は2,000万円ものお金を支払ったのでしょうか？　先ほどの情報では成り立ちません。お話した研修商品の情報は，すべて**"特長"**であるということです。もう一度見てみましょう。

- 管理職研修です。（対象と特長）
- 今回は8人の方々にご受講いただきます。（対象）
- 講師が月に1回来ます。（特長）
- 1回5時間のレクチャーです。（特長）
- 期間は半年間です。（特長）
- 合計30時間の研修です。（特長）
- テーマは，管理職としての組織マネジメントです。（特長）

"特長"が語られ，**"価格"**を問われると，人はその特長をもとに，**市場価格**や，**想定されるコスト**と比べます。

この例でいえば，一般的な講師と呼ばれる人の1日当たりの講師費用や，一般的な管理職研修として販売されている金額との比較になってしまいます。

では，この研修商品に**2,000万円**もの価格がついた理由はどのような論理でしょうか？　それが，特長→利点→価値→価格です。

簡単にいうと，こんな流れです。

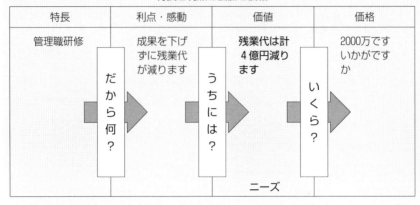

バリューテンプレート
特長と利点と価値と価格

特長	利点・感動	価値	価格
管理職研修	成果を下げずに残業代が減ります	残業代は計4億円減ります	2000万ですいかがですか

だから何？ → うちには？ → いくら？

ニーズ

　こちらの管理職研修を御社の8人管理職の方々にご受講いただくと，

　成果を下げることなく，残業代を減らすことが可能です。（利点）

　実際，御社の動向を分析させていただいたところ，計4億円の削減が可能です。

（価値）

　こちらを進めていくための投資金額は2,000万円です。（価格）

　いかがですか？

　このように話すと，私たちの**頭の中での比較**はどこにいくでしょうか？　そ
うですね。

　価値4億円　vs　価格2,000万円

になるはずです。2,000万円の投資で得られる価値が4億円ということです。
これが，**"付加価値と価格の比較"**という状態です。

　さらにこの時点で，お客様の頭の中には大きく3つの質問が出てきます。

　1つ目は，本当にその価値は手に入るのか？

　2つ目は，他の方法でこの価値は手に入らないのか？

　3つ目は，自分たちの独力でできないか？

　これら3つの質問に，1つ目はYES，2つ目はNO，3つ目もNOで答え

られる論理を用意しておけば，**お客様は私たちから買うしかなくなる**ということになります。

　1つ目の「本当にその価値が手に入るか？」とお客様が確信できるように，さまざまな特長を用意したり，エビデンスを用意したり，体験をしていただけるように準備します。具体的な方法は次節でお話します。

　2つ目の「他の方法でこの価値は手に入らないのか？」については，いわゆる差別化と呼ばれる形で行います。高い技術力や投資によって，他社への高い参入障壁を築くことも，ニーズ構造の中で私たちしか気づかないニーズでの提案を行うことも，差別化の方法になります。そしてさらに強い差別化状態を作るとすれば，"商品の特長が世界（業界）初＋特許"という状態になれば，2つ目の質問に対して，明確に NO と答えることが可能になるでしょう。

　3つ目の「自分たちの独力でできないか？」に関しては，昨今の人事や教育，採用のように，お客様の自社内でできる可能性がある知的・情報的サービスについて当てはまります。この部分を証明するためには，お客様自身ではできない理由を作るか，お客様自身でもできるが失敗した時のリスクが大きい状態にするか，お客様自身で行った時に私たちに支払うコストが大きくなってしまうか，のいずれかを示すような特長を作る必要があります。

　付加価値ベースによる価格決定をするということは，商品が企画されてから，お客様先でその商品の特長がどのような利点をもたらし，その利点がどのような価値をもたらすか，そしてその価値を理解してもらい，価格と比較して検討してもらうことになります。

　この価格決定は，商品企画（価値創出）から，コンサルティングセールスが現場で行う価値実現の一連の流れによって可能になるのです。これが，**"価値を創出したうえで，価格を向上させる"**ことです。

　もしキーエンスが，"製品の製造原価"と見積金額を比較されるような構造になっていたとしたら，営業利益率が50％を超えるなどということは絶対にできないでしょう。実際，同業界の利益率は他の製造系業界に比べて高いのですが，その中でも群を抜いて高いのがキーエンスです。

　これは，価値創出から価値実現までの流れに一貫性があり，**価格と付加価値が比較される**からこそできることなのです。

⑵　ニーズ構造の利点・価値部分から逆算して価値を創出する構造

　⑴とは逆に，市場のニーズに合わせて価値を創出していく考え方が，2つ目の"ニーズ構造の利点・価値部分から逆算して価値を創出する構造"です。こちらも，バリューテンプレートを活用するのですが，考える順番が違います。

バリューテンプレート（逆算）
特長と利点と価値と価格

特長	利点・感動	価値	価格
どんな特長・機能があると利点が実現する？	どんな利点を創ると価値が実現する？	ニーズを叶えるとどれくらい価値がある？	価値の対価はいくらが妥当？
← HOW？	← HOW？	↑	← いくら？
		ニーズ	

　考える順番は，ニーズ→価値→利点→特長です。
　例えば，私たちのお客様のニーズが，

　今よりももっと簡単に全社員にマニュアルを覚えてもらい，教育にかかる人件費を軽減したい。

だったとします。

そこから価値を考えてみましょう。

　この価値を感じる主体は，お客様ですから，お客様によってその価値は変わります。今回は価値を感じる主体として，従業員数1,000名の会社が"今よりももっと簡単に全社員にマニュアルを覚えてもらい，教育にかかる人件費を軽減したい"と考えているとします。

　そのニーズを実現するとどうなるか？　従業員1人当たりにかかる教育コストが月3時間，年間36時間だとすると，従業員が1,000人なら年間3.6万時間かかっていることになります。1人当たりの年間法定労働時間は2,080時間です（52週換算）から，約17人分の年間人件費と同額がかかっていることになります。

　このような会社の平均賃金が400万円／年，労働生産性約1,000万円／年（日本平均5,000円／時間）とすると，6,800万円／年の賃金コスト，1.7億円／年の労働生産性コストが教育時間にかかっている状態ですから，この6,800万円／年〜1.7億円／年が軽減コストの原資となります。

　もし私たちが創る製品によって，このコストを2分の1程度にできる（利点）とすれば，**お客様の得る価値は賃金ベースで3,400万円／年，生産性ベースで8,500万円／年**になります。

　価値を見出すことはできたので，ニーズ→価値→利点→特長の流れに戻り，価値→利点を考えます。

　価値をゴールとして考え，どのような利点があれば教育にかかる人件費を2分の1にできるか？　を考えましょう。

　一例として，利点を得る主体を，教育する側と教育される側で考えたとします。

　① 　教育する側の利点：マニュアルの作成工数が2分の1になる

　② 　教育する側の利点：マニュアルを教える時間が2分の1になる

　③ 　教育される側の利点：作業の合間時間に覚えることができ，実際に研修時間が2分の1以下になる

この3つの利点が達成できれば，お客様の得る価値が成立するとします（例

116

として簡単に書いていますので，他にもあるかもしれません）。

　利点を見出すことはできたので，ニーズ→価値→利点→特長の流れに戻り，利点→特長を考えます。
　利点をゴールとして考えて，どのような特長（機能）があればこれらを実現できるか？　を考えます。
　マニュアルの作成工数が2分の1になり，マニュアルを教える時間が2分の1になり，作業の合間時間に覚えることができ，実際に研修時間が2分の1以下になればいいわけです。そのための特長・機能を作れば，利点が実現され，最終的に価値が実現されます。
　ここからは，お客様の現場の方にしっかりとヒアリングするのがベターです。今回の利点は，工数を焦点に置いたヒアリングになります。
　"マニュアルを作成する時に，時間のかかる作業のTOP3を教えてください"と聞いた時の回答が，次のようなものだったとします。
　①　作業標準化を考えてもらう時間（作業標準化を教える時間）
　②　会社全体への周知
　③　マニュアルの作成時間
　それぞれの解決策としては，以下のような特長・機能が考えられます。

① **作業標準化を考えてもらう時間（作業標準化を教える時間）**
　この時間を削減するためには，
　●作業標準化の考え方を現場の方に学んでもらう研修を動画化し，現場の人たちが行っている仕事を，作業項目だけでなく動作レベルにまで落とし込めるようにする作成ワークとそれに合わせたフォーマットを用意する　→　作業標準化を教える時間がゼロ
　●動画に出てくるフォーマットが，そのまま活用可能なインターフェースであること　→　フォーマットどおりのため，現場の人の作成工数が減る。
　●現場の人たちが自ら作れるよう，スマートフォンでも作れる簡単作成機能

　→　現場の人の作成工数が減る。

② 　会社全体への周知

この時間を削減するためには，

- ●ネットワーク上で，社員全員が見られる状態にする
- ●マニュアルを見たかどうかのチェック機能
- ●マニュアルを覚えているかどうかのテスト機能
- ●チェックとテストを自動でリマインドしてくれる機能
- ●他のシステム（人事評価システムなど）との連動機能

などが挙げられるかと思います。

③ 　マニュアルの作成時間

この時間を削減するためには，

- ●現場の作業は現場の人に行ってもらえる機能（①の機能）
- ●周知したい組織全体を網羅できる機能（組織マップとマニュアルの連動）
- ●業種に合わせたマニュアルフォーマットがあること

　もちろん他にも必要な機能があると思いますが，今の流れのように"ニーズ"と"価値"から逆算して作っていくと，真に役に立つものが作られます。
　ちなみに，上記はある会社を例にして作っていきましたが，このニーズが特定の会社のものであるとは限りません。同じようなニーズがあり，価値を欲しがっている会社がたくさんあるはずです。ニーズのある会社に，今回の機能をセミカスタマイズモデルで展開するのか，完全にフォーマット化して安価なクラウド型サブスクリプションで展開するのかなど，市場と戦略次第で，お客様のニーズがある限り価値創出は可能になります。従業員数1,000人の会社は1社だけではありません。日本だけで約4,000社以上ありますから，もし全社に価値提供することができれば，1,360億円以上の価値提供と想定できます。もちろん，この価値を他に提供しようとしている競合もあるでしょうし，自社内

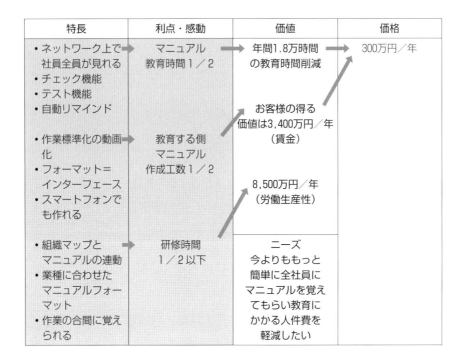

でのマニュアルもあるでしょうから，提供価値＝価格とはならないでしょうが，価値に見合う妥当な価格であれば，コンサルティングセールスで価値実現できそうですし，明らかに安価に設定すれば営業なしのクラウド型サービスでも提供できそうです（実際には，日本ではマニュアル化自体の知見が企業側に乏しいため，営業なしのクラウド型サービスでの展開は難しいかもしれません）。

なお，この時点で１社当たりの価値も全体の市場も明らかに小さいと想定されるものは，商品化自体を考えなくていいと思います。

3 価値創出の手法

ここでは，前節にあった"今ある商品の価値を創出して，価格に反映する"手法についてお伝えしていきます。

まずは，特長→利点→価値の流れで考えます。

それぞれの段階で"問いかけ"をすることで考えていきます。例えば，自社のサービスの特長が，質のよいコンサルティングセールス研修だったとしましょう。

特長を利点に変えるには，"だから何？"と問いかけます。お客様から，"だから，うちにとってどんな利点があるの？"と問われていると想定して考えてみましょう。

下記のような流れです。

> 私たち：私たちは質のよいコンサルティングセールス研修をしています。
> お客様：だから何？
> 私たち：だから，御社の営業担当1人当たりの営業成績を向上させることができます。
>
> 私たち：私たちは質のよいコンサルティングセールス研修をしています。
> お客様：だから何？
> 私たち：だから，御社の営業担当がニーズの裏のニーズまでを探索してくるため，利益率の高い高付加価値商品を販売できるようになります。

このような流れですね。

では次に，利点→価値はどのように問いかけるかでいうと，"それで，うちにはどれだけの利益が出るの？"です。

> 私たち：だから，御社の営業担当1人当たりの営業成績を向上させることができ，さらに営業担当様がニーズの裏のニーズまでを探索してくるため，利益率の高い高付加価値商品を販売できるようになります。
> お客様：それで，うちにはどれだけの利益が出るの？
> 私たち：御社には，営業担当様が10人いらっしゃいます。1人当たりの営業成績

のうち，アポ獲得率が20%，成約率が20%，単価が20%向上すると，1人当たりの営業成績が72.8%アップすることになります。先ほどお話されていた営業担当様の年間売上が1人2,000万円／年でしたので，1人1,456万円／年，10人で1億4,560万／年の売上が向上することが想定されます。

というようになります。

　実際に，年間で1億4,560万円も売上が向上するのであれば，その粗利金額を価値として，価格比較を起こすのがよいと考えます。

特長	利点・感動	価値	価格
• エレベータピッチ • 反論処理ができる • トークスクリプト改善	アポ獲得率 120%	1人当たり売上 1.728倍	30万円／人
• ニーズの裏のニーズ • プレゼンテーション • 反論処理 • PDCA	成約率 120%	1人当たり売上 2,000万円の場合 お客様の得る価値は 1,456万円／人・年	
• インパクトプレゼン • 他社差別化 • 付加価値トーク構築	単価 120%	ニーズ 今よりも 営業を鍛えたい	

　これは，研修という特長→利点→価値自体を組み替えるわかりやすい例になりますが，一般的には商品の特長は固定化されていることが多いでしょう。

⑴　商品の特長から利点，価値，価格を考える

　そんな時に重要な考えが，**その特長を，"いつ，誰が，どこで，どのように使うか？"** を変えて考えることです。

　例えば，キーエンスが販売している製品はセンサーなのですが，私たちの身の回りにあるセンサーの例として，トイレの蓋が自動で開くために使われているものがあります。あのセンサーがトイレメーカーへ納品される時，およそいくらで納品されているでしょうか。

　私も詳しい価格は知りませんが，Amazon などで販売されている人感センサー付きのライトなどの価格を考えても，100円／台以下なのではないでしょうか。そうすると，原価はその半分の50円程度でしょうか。

　では，このセンサーの機能について，より精度を高くし，丈夫にし，反応速度を早くし，工場や倉庫の中で生産性向上のために使われると，価格が1台1万円を超えるといわれるとどうでしょうか。もちろん特長を強化する必要はあるのですが，原価が100倍になることはありません。

　同じような機能でも，"いつ，誰が，どこで，どのように使うか？"を変えること（Strategic Positioning）の例です。

　これは，キーエンスがとっているポジションとしての価値でしたが，もちろん他にもたくさんの例があります。

　例えば，私たちがよく購入するペットボトルの水を日本のコンビニで買えば90円～100円ですが，コペンハーゲンの空港で買えば380円します。そばを日本で食べると400円～600円くらいが妥当で，1,000円を超えてくると高級そばとなると思いますが，シアトルで食べると2,000円します。マクドナルドは日本で食べれば500円～800円くらいですが，ハワイで食べると1,500円以上です。

　これらはすでにある実例ですが，特長を大きく変えることなく，"いつ，誰が，どこで，どのように使うか？"を変えた時の例です。

ほかにも例えば，日本の運送業の特長として，"時間指定"があると思います。この"時間指定"については，日本では通常できるサービスとして認知されていて，逆に指定できないと不便と感じるかもしれませんが，これは日本が特殊で，無料で時間指定ができる国のほうが稀です。

では，もともと時間指定ができない国で，時間指定という特長を展開したらどうなるでしょうか？　どの国にも忙しい人はたくさんいるものです。その人たちからすると，時間指定は，購入した商品を受け取れるか受け取れないか，もし時間指定ができなかったとしたら，"他にやりたいことを諦める"ことになり，"時間指定の価値"は，"他にやりたいことを得る価値"との比較になります。その時，この特長にはどれだけの価値があるでしょうか。

こういった国で，"時間指定"のような高付加価値サービスを展開する時には，ある一定の価格を付けたとしても，購入可能な高収入層へのアプローチによって受け入れられるでしょう。少なくとも，今の日本のように時間指定を当然のこととして，無料で展開されるかというと，そんなことはありません。

(2)　価値の計算方法・捉え方

例えば，オンラインマニュアルの場合，価値創出の構造のときには，1,000人規模の会社様で，従業員1人当たりにかかる教育コストが，月3時間，年間36時間だと想定し，価値を算出しました。

このようにお客様の得る価値を計算するには，どのようにすればいいのでしょうか。この点については，企業と人が感じる価値基準をもとに考えると，計算または目安を捉えることができます。

＜企業が感じる価値＞
①　付加価値はそのままで，時間 or 金を最小にできる
②　リスク（未来の時間・金）を減らすことができる
③　価値が向上する（利益が上がる）
＜人が感じる価値＞
①　今より便利に今と同じ感情を味わえる

② 辛い感情を感じるリスクを減らすことができる

③ 今より高い位置の感情を味わうことができる

＜企業が感じる価値を創る＞

① 付加価値はそのままで，時間 or 金を最小にできる

　この部分は，これまでお話したところでご理解いただけていると思いますが，私たちのサービスの特長と利点により，付加価値を変えることなく，どのくらいの時間・お金を圧縮することができるか，を計算します。

　例えば，オンラインマニュアルの場合の想定される計算式（時間）は，下記のとおりです。

従業員数×１人当たり月間従業員教育時間×12か月÷２

＝圧縮時間数

それぞれの要素がどのようなことを表しているかというと，

- ●従業員数は，利点を受ける対象者を表しています。
- ●１人当たり月間従業員教育時間は，利点により圧縮される時間の対象を表します。月間にしているのは，お客様が想定しやすい範囲として設定しており，１日単位にしてみたり，週間単位にしてみたりするのも問題ありません。
- ●12か月というのは，圧縮される時間の影響範囲を表しています。この場合の計算は12か月（１年）で見ていますが，３か月で見るものもあれば，36か月（３年）で見るものもあります。あまり短期にすると，価値が小さくなりますし，長くしすぎるとお客様がその価値を信じられなくなりますので，ちょうどいい影響範囲を決めて計算しましょう。
- ●÷２というのは，オンラインマニュアルにより想定される圧縮率ですので，これが30％圧縮であれば「×0.7」ですし，３分の１にできるのであれば「÷３」です。

　このように，私たちの商品を使って，お客様の会社内で起こる変化を数式にしておくと，価値実現の際に，従業員数などの変数が異なる場合においても，

すぐに計算できるようになります。

　この数式はオンラインマニュアルにおける例ですが，他のサービスでこのような数式を作るときには，フェルミ推定という思考方法が便利です。これは，実際に調査することが難しいような捉えどころのない量を，いくつかの手掛かりをもとに論理的に推論し，短時間で概算することです。

　上記の例の場合，従業員数が2,000人で，月間従業員教育時間が8時間であれば，数式の答えは，9.6万時間（2000×8×12÷2）となります。

　次に，計算式（お金）もみていきましょう。上記の場合は，次のようになります。

圧縮時間数÷年間法定労働時間（2,080時間）×平均給与

- 圧縮時間数は，上記の計算式での答えです。今回は9.6万時間ですね。
- 2,080時間というのは，圧縮時間数を計算する際に使われていた1年間という影響範囲の中での，法定労働時間です。
- 平均給与は，お客様の会社の平均給与です。もちろん，私たちの利点の影響範囲だけに絞って計算することも可能です。今回は，9.6万時間を2,080時間で割ると，約46人となり，46人が年間教育のためだけに働いていることと同義になります。そこに従業員平均給与（例：400万円）をかけて，1億8,400万円／年となります。

　ここで注意しておきたい時間・お金の考え方があります。

　社員様に対する**労働時間数の圧縮**について，「**業績に影響を及ぼさないから価値ではない**」と考えている経営者様がいらっしゃいます。理由をお聞きすると，**固定給を払っているから**という理由なのですが，私はそういった経営者様とは異なる考えです。

　確かに，固定給で支払っている場合，こういった労働時間の圧縮は，財務上は見えない数字になってしまいます。見えてくるとすれば，残業代が減った分での人件費低減になるでしょうか。しかしながら，労働時間の圧縮を，上記の

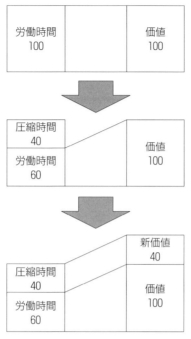

同じ時間でより大きな価値を生み出す

ように財務上でしか見られないというのはとても惜しい考え方です。

　これは，人の労働時間を不動産としてみるとわかりやすいと思います。もし，自分の資産の中に，遊休資産（価値を生み出さず，遊んでしまっている時間）があったとすれば，経営者としてどう考えるべきでしょうか。もちろん遊休資産を，価値を生み出す資産として活用しようとすると思います。

　まさに，"付加価値はそのままで，時間 or 金を最小にできる"とは，このことを指しています。上のような図になるということです。

　経営者は，成長期には"付加価値はそのままで，時間 or 金を最小にできる"という価値を軽視しがちな方がいますが，このような観点でいえば，この価値は常に実現し続けるべき価値だと考えています。

②　リスク（未来の時間・金）を減らすことができる

　この部分は，今はまだ起こっていないが，未来に起こるかもしれない時間・お金に関係する価値の部分です。

　例えば，社会的知名度に対する風評被害もそうですし，装置やシステム異常による業務の停止，災害やテロによる業務停止なども，このリスクに当たります。

　これは，実際には起こってみないとわからないのですが，日本の企業はリスク対策に対して，価値を大きく考える傾向にあると思いますので，価値創出時にはこちらを考えることも重要です。実際，NTT データ経営研究所が2019年に調べた結果によると，BCP（Business Continuity Plan）対策は，64.9％もの企業が取り組んでいると答えています。

　例えば，製品の保守を考えてみましょう。つまり，今は使えるが未来は使えなくなるかもしれないリスクです。

　この時の価値は何でしょうか？　これは，サービスにより異なると思いますが，そのサービスが使えなくなったときに起こるリスクコスト（時間・金）を考えてみるとわかりやすいです。

　例えば，製造ラインへのセンサーを納入していたとします。その時，そのセンサーが故障して使えなくなったときや，センサーが廃盤になってしまったときのリスクコストとはどのようなことでしょうか。

　故障して使えなくなると，その間，製造ラインが止まることになります。ということは，リスクコストはその製造ラインが止まっていることによる生産のストップです。もし，年間フル稼働しているラインが1日止まったとすれば，そのラインから生み出される粗利益の365分の1が失われるわけです。もし，そのラインからの粗利益が年間100億円あったとすれば，1日止まると2,739万円の粗利益が失われることになります。これがリスクコストとなります。

　誰もが，このようなリスクコストを負いたくないと考え，ライン稼働が1日も止まることのないよう備えます。例えば，保守用にセンサーを予備で買っておくというような方法です。

　また，BCP のように，災害が起こった後に，早期にビジネスを立ち上げ直すというのも大きな価値になります。

　そのサービスを準備していなければ立ち上げ直すのに10日かかったものを，3日で立ち上げ直せるとすれば，事業活動全体の365分の7日分のリスクを軽減できることになります。もし，お客様が年商100億円の会社だとすると，このリスクコストは1.9億円という数値になります。

　こういったリスクコストへの価値は，そのリスクが起こる可能性と，市場価格との比較になりますので，一概には計算できませんが，大きな企業ほど大きな金額になるため，大企業はこの部分に価値を置く傾向にあります。

③　価値が向上する（利益が上がる）

　企業において価値が向上するというのは，どのようなことを指すのでしょうか。

　価値が向上するというのは，よりお客様のニーズを叶えることができるということです。よりたくさんの企業・人のニーズを叶えられるようになったり（客数向上），1社・者当たりに叶えられるニーズの大きさがアップしたり（単価向上），より頻度高くニーズを叶えて欲しくなったり（リピート頻度向上）するようなことです。

　いわば，

　新規客×単価×リピート頻度

の式です。今では，売上算出には，さまざまな計算式が紹介されていますので，そちらを使っていただいても構いません。

　重要なことは，私たちが提供する商品によって，お客様がどれだけの価値を得るかを計算することができるかどうかです。

　例えば，私たちの商品によるお客様のサービスの利点が，お客様の会社の新規客数を20％向上できるということだったとしましょう。そうすると，どのような計算になるでしょうか。

　もともとの月間の新規客数が100人だったとして，20％向上できるというこ

とは，20人増加ということになります。このお客様のサービス粗利が1つ当たり5,000円だとすれば，月間10万円の粗利増となります。ということは，価値は月間10万円…。

　というように，簡単に考えたいのですが，ここからがしっかりと価値計算しなければならないところです。20人の新規客の平均リピート率とリピート頻度を考え，ライフタイムバリュー（LTV）を計算する必要があります。

　もし，リピート率が95％／月で，リピート頻度が月1回ということであれば，新規客1人当たり平均20回（$1 \div (1-0.95)$）購入することになります。20人の新規客が増加するということは，粗利が20人×20回×5,000円＝200万円（LTV）ということになります。

　このように，価値計算の方法を変えると，価格も変わります。

　ここで注意したいのは，LTVで計算した場合，お客様のキャッシュフロー上でいうと，マイナスになることもありうることです。

　例えば，あるクラウド会計ソフトの課金ユーザー獲得コスト（CAC）は約11万円，回収期間は約37か月といわれています。会計系クラウドサービスなど，大きな赤字を出しながら時価総額の高い会社は，このLTVを活用して収益を上げています。

　では，この価値を向上させるためには，どのように考えるとよいでしょうか。

　これは，B（私たち）to B（お客様）to B（お客様のお客様）と，B（私たち）to B（お客様）to C（お客様のお客様）も，どちらも変わらず，"お客様のお客様"のニーズをつかみ，"お客様のお客様"のニーズを，お客様が叶えられることを促進できるようにすることです。

　B（私たち）to B（お客様）to C（お客様のお客様）の例は，前章で，飲食店のお皿の例でお話ししました。

　B（私たち）to B（お客様）to B（お客様のお客様）は，例えば，

①　B（私たち）が部品メーカー，

②　B（お客様）が装置メーカー，

③　B（お客様のお客様）が製造業メーカー
とします。

　部品メーカーである私たちが，製造業メーカーのニーズが生産性向上である
と考え，製造業メーカーの生産性が向上するような機能を考えたとします。そ
の製造業メーカーが生産性アップを実現するための機能を，装置メーカーが実
現できるように，部品メーカーである私たちが装置メーカーに提案しにいきま
す。

　装置メーカーは製造業メーカーに，生産性向上を価値として，その機能を提
案しますから，これまでよりも高い価値を実現します。

　そうすると，装置メーカー→製造業メーカーの価値が向上します。そのため，
部品メーカーである私たちから装置メーカーへの価値も上がります。

　このとき，製造業メーカーの生産性がこれまでよりも年間1,000万円向上し
たとして，もちろん装置メーカーから製造業メーカーへの納入価格も1,000万
円アップ（製造業メーカーは1年回収）したとします。そうすると，部品メー
カーである私たちから装置メーカーへの価格は，納入価格としてアップした
1,000万円と比べられることになります。

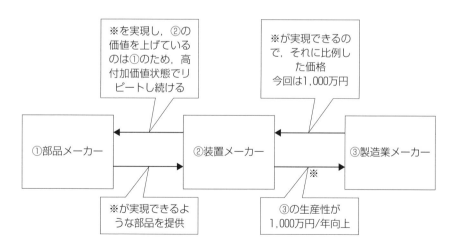

　勘のいい方はお気づきかもしれませんが，これはキーエンスが行っていることの1つです。"キーエンスの製品は高い！"と市場では言われます。しかし，その製品を仕入れることで，お客様は，お客様のお客様への価値を向上することで，価値を得ています。そのため，リピーターのお客様からは，"高いけど，安いんだよ"と言われていることもしばしばです。

＜人が感じる価値＞

　人が感じる価値については，前章の「ニーズ探索の構造」でお話しましたので，ここでは補足のみお話します。

　もともと，私たちが得ている価値のうち，最も大きな価値は"維持"（生命・生活）です。

　この"維持"という価値は，年月を遡ってみたり，他の場所に行ってみたりすると感じることが可能になります。例えば30年も前に遡れば，スマートフォンどころか携帯電話すらまともに普及していませんでした。コンビニエンスストアも今ほどの数はありませんでしたし，世界旅行にも昨今ほど気軽に行けませんでした（今も行けませんが…）。

　今は，24時になって少しお腹がすけば，都心であれば100メートルも歩けばコンビニエンスストアに行けたり，ラーメン屋に食べに行けたりします。寂しいと思えば，LINE で友人とすぐにつながれるし，Zoom や Messenger を使えば世界中の人とオンライン動画通信も無料でできます。

　とても便利になりました。30年前を思い浮かべると，価値を感じられると思います。私たちの生活は**価値向上したうえで，維持している**のです。

　この"維持"の市場は，すでに世界の市場のどこかに存在しているものを帰納法的に分析し，他の市場に持っていくことが効果的です。松下幸之助さんがGE から学んで松下電気を作ったように。シアーズローバックに学んでダイエーができたように。GM から学んでトヨタができたように。

　総じて人が感じる価値は，複合的に混ざり合っていますので，**"この感動が**

この価値でこの価格" とは決めづらいのですが,

① 今より便利に今と同じ感情を味わえる（置換価値）

② 辛い感情を感じるリスクを減らすことができる（リスク軽減価値）

③ 今より高い位置の感情を味わうことができる（感動価値・満足価値・高価値）

といった価値は，さまざまな場面に隠れています。

例えば，衣服，ファッション，食事，住居，エンターテインメント，教育，男性・女性として輝きたいという思い，健康，安心を求める心・癒しなどです。そして，それらの提供方法も多様化していっています。店舗，配達，オンライン，出張，VR，ロボット，AI，画像，動画，文章，手紙などさまざまです。

しかし，忘れてはならないのは，最終的には1人の人が体験し，感動することで，価値を感じるという点です。

私は，ここにフォーカスを当てて，価値の創出を考えることが効果的だと考えています（もちろん，市場の中でのポジショニングや業態を無視するということではありません）。

そう考え始めると，周りのすべてに価値創出の機会が見えてきます。

1つの例をお話しましょう。

少し前に公園に行ったときに，4歳くらいの子どもとお父さんが一緒にいるのを見ました。子どもはアスレチックのほうに行って遊び，お父さんはスマートフォンを操作しています。よくある普通の光景かと思います。お父さんの立場からすると，4歳の子どもは子どもで楽しんで遊んでいるからいいじゃないかという思いがあるでしょうし，子どもは子どもでお父さんと遊ぶより，アスレチックのほうが楽しいのでしょう。ただ，お母さんの立場からすると不快に思うこともあるでしょうし，親子の思い出としては印象の薄い（感動の少ない）思い出になるでしょう。

では，この場面に感動を起こすとすれば，どのようなことが可能でしょうか？　お父さんのスマートフォンを叩き割って，子どもに集中させるというのも1つの手ですが，例えば，4歳の子どもとお父さん（30代後半くらい）が2

人（もしくは家族）で熱狂して遊ぶことができるようなサービスを提供するというのはどうでしょうか。

　既存のサービスからであれば，リゾートで一緒にバギーに乗って，揺れる車内を子どもとともに笑い合うことかもしれませんし，キャンプ場でのバーベキューで一緒に火を付ける（なかなか火がつかずに一緒に苦労を味わう）ことかもしれません。新しく作るサービスなのであれば，親子2人で空中遊泳が仮想体験できるドローンゴーグルかもしれませんし，VRで高いところから真っ逆さまに落ちる感覚を共感することかもしれません。

　何気ない日常でも，周りの人がどんなニーズを持っているかを考え，探索していけば，人が感じる価値は創出することができます。

　どのような仕事であっても，**最終的な受益者は人**です。人が感じる価値について深い洞察と知見があれば，その価値がどのように創られていて，どのようにすれば再現可能か，そしてその価値を作るための作業に無駄はないか，などがわかるようになってきます。

　そのためには，私たち自身が，人としての価値を感じること，つまり，**自分や他者の感情を認識し，感動し，価値を感じ，何が価値かを認識できる状態でいること**が大切だと考えています。

　GAFAが世界全体を制そうとしている（制している）現在ですが，このような，人が感じる価値を新たに創出することについては，GAFAは制していませんし，逆に，人が感じる価値を新たに創出することができれば，GAFAによるネットワークは，価値展開のインフラストラクチャとして大きく貢献してくれるに違いありません。

第 7 章

価値実現の構造

　次に，価値構築経営の構造の図では④価値展開の構造が順序として示されて
いますが，**価値実現構造**について先にお話していきます。

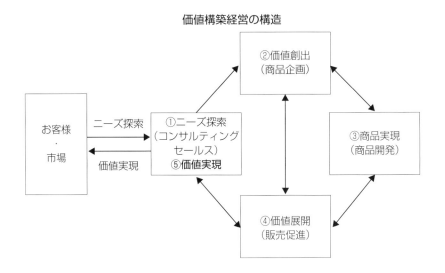

価値構築経営の構造

1 価値実現の目的

- お客様に価値を理解してもらうこと
- 創出した価値をお客様に実現してもらうこと
- 付加価値ベースの価格を実現すること

2 価値実現の構造

　「④価値展開」の構造の前に「⑤価値実現」の構造をお話する理由を説明し
ておきましょう。それは，最も小さな単位で考えれば，ニーズ探索→価値創出
→価値実現が基本的な構造となり，それで十分であるためです。また，価値実
現の構造を理解したうえでのみ，価値展開は成り立つためです。ニーズ探索→

価値創出→価値実現は下図の構造です。

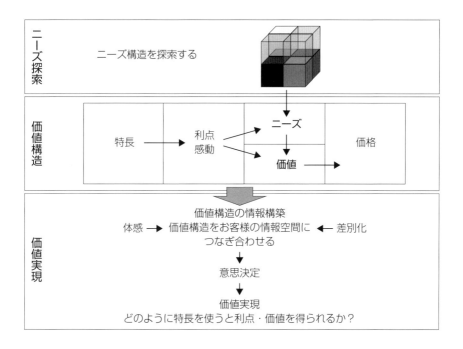

　私はこのプロセスを **"刃を研ぐ"** と表現しています。このプロセスを先に行わない状態で価値展開をしようとしても，鉄バットで木を叩き続けるようなもので，うまくいきません（刃を研いで，オノで切りましょう）。

　では，価値実現の構造を見ていきましょう。

(1)　価値構造の情報構築

　価値創出の構造で作り上げた，私たちのサービス・製品によって実現しうる価値構造を，お客様の情報空間（いわゆる頭の中）に構築します。そのための手法は次節でお話します。

(2) 価値構造の体感（"価値は本当に手に入るのか？"の実感）

　価値構造が情報空間で構築されたとしても，その価値が手に入るという実感が湧かなければ，人は意思決定をしません。そのため，価値が手に入るという実感を体感してもらうことで示します。

(3) 価値構造の差別化（"他では手に入らないのか？"の実感）

　意思決定をするためには，価値構造が"他では手に入らないか？"を人は探します。この答えがなければ，人は意思決定を先送りにするでしょう。

(4) 意思決定

　どれだけ素晴らしい価値構造ができたとしても，その価値構造の実現は，私たちだけではできません。お客様と私たちと私たちのサービス・製品が一緒になって実現しなければならないのです。

　その実現の一歩を踏み出すためには，**お客様の意思決定**が必要になります。

(5) 価値実現

　意思決定をしたとしても，私たちとお客様とが，合意した価値を実現できなければ，意味はありません（お金が口座から口座に移るだけです）。そのためには，私たちの提供するサービス・製品をどのように使えば価値がもたらされるか？　までを考えて，提供しなければならないのです。

3　価値実現の手法

　では，(1)価値構造の情報構築，(2)価値構造の体感，(3)価値構造の差別化，(4)意思決定，(5)価値実現についての手法をお話していきましょう。WEBマーケティングなどで営業をされていて，直接営業をされない方も，この中に出てくる要素は，ランディングページであったり，価値訴求プロセス構築に使える方

法だと思いますので，お読みいただけましたら幸いです。

⑴　価値構造の情報構築

　ここでは，これまでで構築した価値構造をお客様の情報空間（いわゆる頭の中）に構築します。ここまでお話をお読みいただいた皆様ならおわかりになると思うのですが，お客様が欲しいものは**価値**です。提供できる価値をお客様にご理解いただけなければ，次のステップに進むことはできません。

　ちなみに，もしこの本をお読みいただいているあなたが経営者，商品企画，開発の方なのであれば，実は**最初のお客様は"社内の営業担当"**ですので，**営業担当の頭の中に価値構造を構築すること**を忘れないでください。

　この価値構造をお客様の頭の中に構築する段階において，特長と利点を区別することがとても大切になります。

　まず，以下の文を見てください。

　当社の媒体は，クライアント様すべての記事をまとめて購入しているので，単価を安く仕入れられています。
　ですから，貴社の現在の記事単価より安価にできる可能性があります。

　上の文章が特長を表し，**下の文章が利点**を表します。
　２つの文の大きな違いは何でしょうか？　そうです，**主語**が違います。**特長は私たちの商品のことや会社のこと**です。**利点はお客様に発生する変化の言葉**です。
　つまり，
　特長の主語（主体）は私たち
　利点の主語（主体）はお客様
となります。

ここで，私自身も肝に命じている言葉があるのですが，

> 売れない人は特長ばかりを語る。
> 売れる人は利点を語る。
> 営業を教えられない人は，特長と利点の区別を語れない。

ということに注意が必要です。

　まず，**"売れない人は特長ばかりを語る"** というのはご理解いただけるのではないでしょうか。

> 　弊社は創業○年で，○○という研修を販売しております。
> 　弊社の研修の特長は，バラエティに溢れる研修の数で，例えば，管理職研修では○○という項目や，○○という項目や，○○という項目も学んでいただけます。
> 　また，新人様研修では，○○という項目や，○○という項目や，○○という項目を……

　こういったお話が延々と続くパターンです。

　この場合，この研修から何が役に立つかを **"お客様が"** 考えなければならなくなります。お客様側の知識が豊富ならその価値を認識できますが，そうでなければ価値を認識できません。

　そして，**知識の豊富なお客様は，このような営業担当からは買わないか，徹底的に値引きます。**

　"売れる人は利点を語る" というのも，ご理解いただけると思います。

> 　弊社は創業○年で，○○という研修で，**お客様の企業文化形成，生産性向上や**

従業員様の定着率アップに貢献してまいりました。
　例えば，私どもの販売しております管理職様向けの研修は，生産性向上という面において，複数の項目を備えており，業務改善研修では，御社と同規模の会社様での実績で，年間30,000時間の労働時間圧縮，人件費ベースで6,000万円／年，貢献できております。

　もし，生産性向上のための業務改善をしたいと思っていたのであれば，すでに同規模の会社に実績を出しているこの研修は魅力的でしょう。実際に研修の選定の土台には乗るはずです。

　では，**"営業を教えられない人は，特長と利点の区別を語れない"** とはどういうことなのでしょうか。
　それは，**"特長と利点の区別を語れない"** がために，部下の営業に対して，下記のような言葉を使ってしまうということです。
"お客様の気持ちになればわかります"
"お客様目線になりなさい"
"お客様のことを考えよう"
　こんな言葉です。もしかすると耳が痛い（目が痛い）かもしれません。
　私自身がコンサルティングセールス研修を行ってわかったことがあります。**売れない営業担当の中には，お客様目線で考えていないわけではないのに，売れない人がかなりいる**，ということです。
　"お客様目線で考えていないわけではない"とはどういうことかというと，そういう営業担当は，**"思考ではお客様目線になりながら（なりたいと思いながら），言葉の主語は私たち"** になっていたのです。
　つまり，思考はお客様，出てくる言葉は私たちだったのです。心に刻むために，例を出してお話すると，
　思考では，"オムライスが食べたい!!"（利点）と考え，
　言葉では，"卵とご飯と鶏肉ください!!"（特長）と注文している

ということなのです。オムライスが出てくるかもしれませんし，親子丼が出てくるかもしれません。突飛な例ですが，特長を語るか，利点を語るかは，それくらい違うのです。

　特長と利点の違いを教える際，上記のほかにも下記のような例を見ていただくとわかりやすいと思います。

　特長ばかりを話してしまう営業担当がいたり，あなたの会社の商品パンフレットが特長しか書いてなかったりする場合には，

だからなに？（なぜ私たちはそれを買わないといけないの？　買うとどんなメリットがあるの？）

と問いかけてみましょう。例えば，

> 営業：自動プレゼン資料出力機能があります。
> お客様：だからなに？
> 営業：そのため，見栄えのいい資料が自動で出力され，従業員様のプレゼン資料の作成工数が，1回当たり○○分圧縮できます。
> お客様：なるほどね，うちには営業担当が10人いるから，結構な労働時間圧縮になるね。

　このように問いかけて，利点を見つけていきます。

　もし，あなたの会社に売れる営業担当がいたときには，その方は自分でも気づかない状態で"利点"を語っているはずです。そのような方が社内にいらっしゃる場合には，

なんでそうなるの？（どの機能が，そのメリットを得るために使えるの？）

と，問いかけてみましょう。そうすると利点と特長の因果関係を教えてくれます。例えば，

> 営業：私たちのサービスを使っていただくことで，見栄えのいい資料が自動で出
> 　　　力され，従業員様のプレゼン資料の作成工数が，1回当たり〇〇分圧縮できる
> 　　　ようになります。
> お客様：そうなんだ！　なんでそうなるの？
> 営業：こちらに，自動プレゼン資料出力機能があり，こちらをこのように使って
> 　　　いただくと，このような綺麗な資料が自動で出てくるのです。
> お客様：なるほどね，うちには営業担当が10人いるから結構な労働時間圧縮にな
> 　　　るね。

というような流れです。

　このように特長と利点を明確に区別して語ることができることで，これから説明する，お客様の頭の中に価値構造を構築することができるようになります。特長と利点を区別して語れなければ，お客様の頭の中にできる価値構造は，因果関係がぐちゃぐちゃになってしまうでしょう。

　では改めて，お客様の頭の中に価値構造を構築していきます。

　価値構造の構築は，お客様に価値をご理解いただくことが目的ですので，多少順番が前後しても問題ありません。

　しかし，**価値がお客様の頭の中で認識される前に価格が提示されてしまうと**，私たちとお客様の信頼の深さによっては，すべてを伝える前に，お客様の耳が閉じてしまうかもしれませんので，気をつけてください。

　お客様に価値をご理解いただくには，以下のような順番で行います。
① 　ニーズを受け止める
② 　関連する特長と利点の情報提供
③ 　利点を得ることによって，お客様が得る価値の提示
それぞれを順に説明していきます。

① ニーズを受け止める

ニーズ探索の中で，お客様はニーズ，そしてニーズの裏のニーズ，さらには盲点や秘密の領域まで話してくれていると思います（熟練度が上がればできるようになります）。

しかしお客様は，自分が話したことをすべて覚えていたり，構造として認識していたりすることはまずないでしょう。

そのため，お客様に価値を認識してもらう前に，私たちは改めてお客様にお客様自身のニーズを認識し直してもらわなければならないのです。

例えば，前章で出てきた，

　　今よりももっと簡単に全社員にマニュアルを覚えてもらい，教育にかかる人件費を軽減したい。

であれば，

　　先ほど，今よりももっと簡単に全社員にマニュアルを覚えてもらい，さらには，教育にかかる人件費を軽減したいとおっしゃったことはとても重要なことだと思います。ぜひこちらに関して，私たちがどのようにお役に立てるか，情報提供させてください。

というように，改めて，お客様の頭の中に，価値構造におけるニーズを思い出してもらいます。

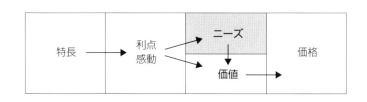

②　関連する特長と利点の情報提供

　お客様がニーズを再認識した後は，お客様のニーズを叶えるために必要な特長と利点の情報提供をします。

　オンラインマニュアルの例でみると，下記のとおりです。

　　今よりももっと簡単に全社員にマニュアルを覚えてもらい，さらには，教育にかかる人件費を軽減したいということはとても重要なことだと思います。
　　私たちのサービスは，3つの観点から御社に貢献できると考えています。
　　1つ目は，教育する方のメリットとして，マニュアルを教える時間が2分の1になること。
　　2つ目は，こちらも教育する方のメリットとして，マニュアルの作成工数が2分の1になること。
　　最後の3つ目は，教育される方のメリットとして，作業の合間時間に覚えることができ，実際の研修時間が2分の1以下になることです。
　　そのために私たちがご用意している機能が下記の機能です。
　　ネットワーク上で社員全員が見ることができ，従業員様がマニュアルを見たかをチェックしてくれる機能，マニュアルの理解度をテストする機能，さらに，マニュアルのチェックがされなかったり，理解度が低く再テストしなければならない時の自動リマインド機能があります。これらの機能を活用することで，教育する方のマニュアルを教える時間が2分の1以下になります。
　　作業標準化のための研修を動画化することで，現場の方が自ら動作レベルのマニュアルを考え，作成することができます。そして，その動画研修で使われるフォーマットと，システムのインターフェースが同じになっており，さらにスマートフォンからでも作れるため，マニュアル作成工数も大幅に削減できます。

　また，組織マップとマニュアルが連動しているうえに，１つひとつのマニュアルが短く区切られているため，従業員様は合間時間にこのマニュアルを見ることができます。このことにより，実際の研修では，理解度の促進や質疑応答だけで済むようになるため，研修時間は２分の１以下に圧縮することができます。

特長	利点・感動	価値	価格
・ネットワーク上で社員全員が見れる ・チェック機能 ・テスト機能 ・自動リマインド	マニュアル教育時間１／２	年間1.8万時間の教育時間削減	300万円／年ですいかがですか？
・作業標準化の動画化 ・フォーマット＝インターフェース ・スマートフォンでも作れる	教育する側マニュアル作成工数１／２	お客様の得る価値は3,400万円／年	
・組織マップとマニュアルの連動 ・業種に合わせたマニュアルフォーマット ・作業の合間に覚えれる	研修時間１／２以下	ニーズ今よりももっと簡単に全社員にマニュアルを覚えてもらい教育にかかる人件費を軽減したい	

　このような構成ですね。これらは文章で書いていますが，実際には視覚的にわかるような図（イラストなど）で示したほうがよくわかります。

③　利点を得ることによって，お客様が得る価値の提示

　では，ニーズを受け止め，関連する特長と利点の情報提供をしましたので，最後に統合して，"利点を得ることによる，お客様が得る価値の提示"をしましょう。そのために，お客様が得ると考えられる価値を計算します。

　このオンラインマニュアルの例の場合，価値創出の構造のときには，1,000人規模の会社で，従業員1人当たりにかかる教育コストが月3時間，年間36時間だと想定し，価値を算出しました。

　しかし，それは想定上のお客様であり，目の前にいるお客様とは異なるはずです。

　この計算方法については価値創出で詳しく解説していますが，仮に今回はお客様の従業員数が2,000人で，従業員1人当たりにかかる教育コストが月4時間，年間48時間だと想定し，従業員の平均給与が400万円だとすると，

　2,000人×48時間÷2,080時間÷2×400万円＝約9,230万円／年

となります。

　これは私の経験ではありますが，営業担当は**この計算を，お客様がするものと考えている人が多いように感じます**。実際には，この価値を計算できるお客様は少数派ですので，あくまで**主導権は私たちにある**と考えて，しっかりと価値を計算し，伝えるのがよいでしょう。

⑵　価値構造の体感（"価値は本当に手に入るのか？"の実感）

　価値構造の体感とはどのようなことかというと，いわゆるデモンストレーション（言うのではなく見せてくれ！）ということです。

　この項目は，価値構造をお客様の頭の中に構築している途中に行うのが効果的です。

　例えばキーエンスのある商品のスペックに，対落下性能があります。簡単にいえば，落としても大丈夫というスペックです。そのスペックが2.5mだったり，3mだったりするのですが，これを言うのではなく見せるとすれば，どうすればいいでしょうか？　そうです。その商品を床にたたきつけるのです。それこそ，"ガーン！"と。実際に見て，床に当たる光景やその時の音を体感すると，スペック表に載っている数字などお構いなしに，"この商品の対落下性はすごい!!"とお客様の頭の中には残ることでしょう。

　もし，お客様が同様の製品の保守や破損に困っている（ニーズがある）とすれば，そのデモンストレーションは価値の体感に直結します。

　これは一例ですが，あなたの会社の商品の価値を体感するとすれば，どんなデモンストレーションがよいか，ぜひ考えてみてください。

(3)　価値構造の差別化（"他では手に入らないのか？"の実感）

　価値構造の差別化にはいくつも方法があります。そのうちの有効な方法をいくつか紹介します。

　　①　ニーズを知っているのが私たちだけ

　　②　特長→利点→価値を提供できるのが私たちだけ

　　③　複数の特長→利点の組合せで，価値実現ができるのが私たちだけ

①　ニーズを知っているのが私たちだけ

　価値構造におけるニーズとの関連性を見るとわかるのですが，価値はニーズが叶うことで作られます。

　そのため，ニーズを知っているのが私たちだけであれば，私たちしかその価値を提供することができません（他社には価値構築のストーリーを語れないということです）。

　ニーズを知っているのが私たちだけという状態であれば，他社がまったく同

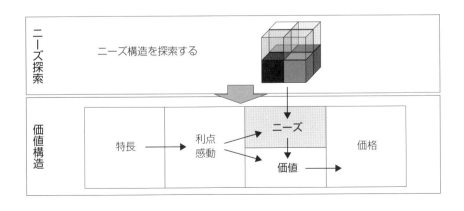

じ商品を売っていたとしても，マーケティングでの価値訴求の文言に差が出て
きます。非常に重要な差別化要素です。

　この差別化だけでも強力なのですが，有効に働くのは，お客様が自分たちで
はどのように価値構築を行えばよいかわからないときであり，その価値に対し
ての価格が相応のときや，価格がお客様の予算内のときです。

　競合の多い製品や，お客様のご担当者が価値を構築する要素（どんな特長の
製品があれば価値が実現するか）がわかっているときには，この差別化だけで
は，他社と比較され，価格勝負になることもあるでしょう。

②　特長→利点→価値を提供できるのが私たちだけ

　次に，もし，**特長→利点→価値を提供できるのが私たちだけ**であれば，お客
様は価格が価値相応であれば，私たちから買う必要性があると主張できます。

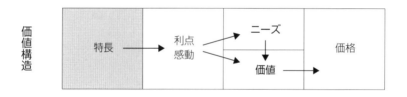

　では，**特長→利点→価値を提供できるのが私たちだけ**という状態は，どのよ
うにすれば作れるのでしょうか。

　まずは，特許による法的な差別化も思い浮かぶかもしれません。例えば“世
界初の機能＋特許出願中”を謳ってしまえば，他社は後追いで同じ価値を提供
することができなくなります。

　提供する価値がクリティカル（絶対に外せない）であればあるほど，この差
別化としての価値は大きくなります。そうなると，他社との比較・相見積りは
不可能になります。この差別化による価値実現の優位性が，価格優位性と営業
利益率を高くするのです。

　特許という方法以外にも，差別化要素はたくさんあります。

　この項の見出しでは，差別化をするために**特長→利点→価値を提供できるのが私たちだけ**と書いていますが，実際には，

①　本当に私たちだけ（オンリーワン）

②　私たちが業界トップ（ナンバーワン）

③　同じ価値を提供している会社が極少数（需要＞＞供給）

④　同じ価値を提供している会社が少ない（需要＞供給）

のように，段階を分けて考えることが可能です。ご覧のとおり，①，②，③はとても強力です。

　しかし④でも，使い方を誤らなければとても強力で，さらに①②③に比べて広いマーケットを狙うことが可能です。

　そしてそれらを，さまざまな事象において考えてみるのです。

　例えば，特定のテクノロジーへの技術力，導入の簡単さ，提供エリアの広さ，保守の長さなどさまざまあります。アメリカで発展した経営手法であるチェーンストア理論では，「立地・エリア，業態，品種，品目，品質，価格，時間，提供方法，客層」といった項目から差別化できることはないか？　と考えるのがよいとされています。

　例を挙げましょう。ある会社は，業界内３位のシェア・実績だったのですが，上記をお伝えし，ある方向から見直してみると，**業界シェア・実績ともに１位**ということがわかりました。これはどういうことかというと，その会社の属する業界全体では３位だったのですが，飲食企業に対するシェア・実績は業界１位だったのです。大きな業界の３位よりも，専門特化してでも業界１位のほうに魅かれる傾向は高く，安心もするものです。

　時折，“私たちには差別化できる要素がありません！”と豪語（？）してくる方がいます。本当にない場合もあるかもしれませんが，上記のように少しの工夫で差別化要素を作ることは可能になります。

　この本にあるニーズ探索からの価値創出を行った場合には，そもそも競合がおらず，①本当に私たちだけ（オンリーワン）もしくは，②私たちが業界トッ

プ（ナンバーワン）のポジションを先行者として取れる可能性もありますし，
①本当に私たちだけ（オンリーワン）を特許取得することで，長期間にわたっ
ての差別化も可能になります。

③　複数の特長→利点の組合せで価値実現ができるのが私たちだけ

　これは，1つの特長→利点を提供している競合はたくさんいるが，複数の特
長→利点を提供できている競合はいない場合です。

　例えば，シームレスなサービスやトータルサービスと呼ばれるものは，この
差別化を活用しています。お客様のニーズを複数の会社のサービスで叶えなけ
ればならないとなれば，作業性が悪くなるだけでなく，価格も高くなってしま
います。これが1社ですべてまかなえることも差別化要素の1つです。

(4)　意思決定

　ここまで，価値実現のために，価値構造の情報構築と，価値構造の体感と価
値構造の差別化をしてきました。ここまでくると，すぐに意思決定をしていた
だけるように見えるのですが，そうでもありません。

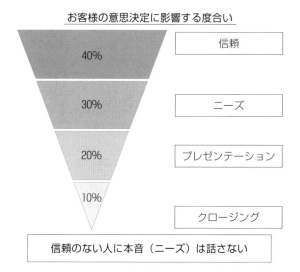

お客様の意思決定に影響する度合い

　ここまでのプロセスでどれだけの信頼を築けたか，ニーズに漏れはなかったか，私たちが提供しようとしている価値はお客様に体感と差別化をもって伝わったか，それらすべての要素がこの意思決定に現れてくるのです。

　時には，**お客様からの反論**としてそれは現れます。もちろん，反論なしに購入の意思決定をしていただくことは素晴らしいのですが，お客様からの反論があることは，私たちがお客様から，信頼と価値を感じていただけている証拠です。もし信頼も価値も感じていなければ，反論する時間も惜しんで購入しない意思決定をするでしょう。

　お客様の反論には，以下のようなプロセス（構造）で対処していきます。

お客様：年間300万円。高いですね……（反論）。

私たち：高いと感じられたのですね。確かに高額のものを決断するときは，慎重になりますよね（反論の受け止め・共感）。ところで，高いとお感じになったのは，何と比べられてでしょうか。他社のサービスですか？　**（反論が起こった理由の特定の質問）**

お客様：そうですね，クラウド型のマニュアルソフトだと，月額10万円以下のものもあるくらいなので……（反論が起こった真の理由）。

私たち：ありがとうございます。そうですよね。確かに安価なものであれば，たくさんのシステムが存在していると思います。ただ，今回御社が目指しておられる"今よりももっと簡単に全社員にマニュアルを覚えてもらい，教育にかかる人件費を軽減し，教育にかかる人件費を半分にする"ということが達成されるとしても（安価な他社ではできないとしても），こちらのご投資金額は高いでしょうか？（価値基準変更の質問（コスト・モノ→価値））。

　（沈黙）

お客様：いや，そう考えると高くないですね。他社の機能ではできないことが多いですから……（価値基準変更完了（コスト・モノ→価値））。

私たち：それでは今回の案件について，前に進めてもよろしいですか？（**反論処理の完了**）。

お客様：そうですね。お願いします（同意）。

　この例を見ていただくと，私たちとお客様の間で価値基準が合致していなかったことがわかります。この例の場合は，意思決定していただくことができましたが，この意思決定段階において，こういった反論が出てくることは本来望ましくありません。

　では，こういった反論が出てきた場合は，どのようにすればいいのでしょうか。この時，多くの会社は，反論処理ができるように，反論処理の練習をしたり，反論処理リストを作ったりします。そのこと自体はとても素晴らしいのですが，もっと効果的なことは，**ニーズ探索と価値実現プロセスの改善**です。

　例えば，先ほどの例であれば，お客様は私たちのオンラインマニュアルソフトの価格を，クラウド型のマニュアルソフトの価格と比較をしてしまっています。

　ということは，**ニーズ探索と価値実現プロセスの改善**のためには，"どのようにすれば，私たちのオンラインマニュアルソフトがもたらす価値を基準として，価格で考えていただけるだろうか？"という問いを解決する必要があります。

　そのためには，例えば，

- ●他のマニュアルソフトにはない機能での差別化＋価値実現を行い，ご理解いただく
- ●提案書の価格提示ページに価値との比較の図を入れ，お客様の価値構造図を私たちの認識と同じにしておく

などが考えられるかもしれません。つまり，反論される前にその要素に対処しておくのです。

　意思決定は，企業としての意思決定だけでなく，企業の中にいる人たちの考えにも左右されます。

　実際，大きな会社への導入となる時は，複数の担当者が集まって，どの部署にどんな意思決定者がいて，誰にどのくらいの決裁権があり，誰にどんな順番で話していけば案件が決まるだろうかというミーティングをするべきです。組

織においての意思決定をどのように促していくかをダイナミックに考えていかなければならないので，一朝一夕にわかるものではありませんが，お客様の組織図を見ながら想像と調査をしていくと，見えてくるものがあります。

　これは，個人への意思決定の時でも考える必要があります。例えば，お客様が女性で，意思決定をするのに旦那様のご意見を伺わなければならないような場合です。

　"旦那と話してみないと……。決められないですね"

という反論です。通常，これは断り文句です。営業コンサルタントは，「ここから反論処理をしてクロージングするのです！」と言いますが（それでも一定確率で決まるので），かなり難易度が高くなってしまうのと，無理に反論処理をすることは，押し売りと捉えられ，不評を呼んでしまいます。

　ニーズ探索をしっかり行えており，価値構造がしっかり伝わっていれば，お客様との信頼を築き，価値をともに感じている関係性になっていますので，この反論も雰囲気が違います。

　"旦那と話してみないと決められないんだけど，でも，欲しいのよね。どうしましょう？"

　信頼があるかないか，価値を感じているかいないかで，違いがわかるでしょうか。このような場合，お客様はサービスを購入し，価値を実現したがっている状態ですので，あとは意思決定に必要なことは，その意思決定を妨げていることを一緒に解決することです。

　上記の場合であれば，以下のようでしょうか。

お客様：旦那と話してみないと…決められないんだけど，でも，欲しいのよね，どうしましょう？（**反論・相談**）

私たち：確かに，旦那様がどのように感じられるか，考えてしまいますよね（**反論の受け止め・共感**）。ところで，旦那様とお話されるとして，ご不安というかご心配になられるところはどのようなところですか？（**反論が起こった理由**

> （の特定の質問）
> お客様：そうね〜。あんまり何も言わないかもしれないけれど，いくらしたのか
> 　　聞かれると思うわ（**反論が起こった真の理由**）。
> 私たち：そうですよね。いくらしたかは旦那様もやっぱり気になりますよね。今
> 　　回の月々のお支払いが○○円ですが，**これくらいの金額で奥様がニコニコ幸せ**
> 　　**そうにされていたとしたら，旦那様はどのように感じられそうですか？**（**価値**
> 　　**基準変更の質問（コスト・モノ→価値）**）
> 　　（沈黙）
> お客様：そうね〜。お前の機嫌がいいなら，それがいいって言ってくれそうね
> 　　（**価値基準変更完了（コスト・モノ→価値）**）。
> 私たち：すごく素敵な旦那様ですね！（**反論処理の完了**）
> お客様：そうなのよ〜。ありがとう（**反論処理の完了**）。
> 私たち：それでは，こちらの商品，ご用意してきますね（**反論処理の完了**）。
> お客様：はい，お願いするわ（**同意**）。

　この場合は，お客様の意思決定を妨げているのが旦那様の反応でしたので，**旦那様にとっての価値（今回は奥様の笑顔）**と，月々の支払金額とを比較してもらうようにしました。旦那様から予測される反論が他の内容であれば，その内容を奥様と私たちで解決する方法を考える。そんな風にして意思決定を促していきます。

　この意思決定は，私たちにさまざまなことを教えてくれます。お客様が意思決定しない（できない）理由は何か？　その際には2つの観点で見ると効果的です。
　●意思決定したとしても得られる価値が小さくないか
　●意思決定するハードルが高くないか
　「意思決定したとしても得られる価値が小さい」というのは，例えば，月間のコストダウン1万円の案件などです。相手にとって，この意思決定によって得られる価値が1万円しかないのであれば，先延ばしや他に重要な意思決定を

したいと思うものです。そういう時には，この意思決定によって，3年間で36万円のコストダウンになることや，他の5部署もあわせて実行すると3年間で180万円のコストダウンになることなどを伝え，相手にとって先延ばしにしてはならない価値の大きさにしなければなりません。

また，「意思決定するハードルが高い」というのは，価値があることはわかっているが意思決定した後のことを考えると心配になるというものです。例えば，

- 価格の払い方が一括払いで，目の前のキャッシュや予算を考えると，意思決定しづらい
- 価値と価格自体は問題ないが，自分や従業員に労力と時間の面で，大きな負担がかかるように見える
- 価値も価格も問題ないが，私たち（販売者）が途中で投げ出してしまわないだろうかと心配する

などが考えられます。そういった場合には，お客様のリスクをしっかりと見える化して準備すること，お客様が意思決定できるくらいのハードルにすることや，**お客様のリスクを私たちが負う**ようにするなどで，解消することができます。

この**「お客様のリスクを私たちが負う」**というのは，リスクリバーサルという手法で有名です。価値実現してきた私たちからすればほんの0.1％のリスクも，お客様がまだ体験したことがないことであれば，100％の恐怖を感じ，意思決定に踏み切れないものです。そのリスクを私たちが負うことによって，意思決定に踏み切れないお客様を後押しする手法です。

(5) 価値実現

ここまでで，お客様はニーズを私たちに話し，私たちはそのニーズを叶えるための価値構造の情報を伝え，お客様はそれに同意し，購入の意思決定をしました。

価値実現の最後は，どのように特長・機能を使えば，利点，さらには価値を

実現することができるか，ということです。

　例えば，私たちが焼肉屋さんに行って，とても美味しいお肉を勧められたと
します。

　　○○産の雌牛で，細かいサシがしっかり入っていて，そのサシに熱が通ると甘
　くって美味しいんです。赤身の部分はジューシーで，雌牛本来の味がしっかり出
　てますし，何よりいい感じで焼けると口に入れると…ふわっと消えていくんです
　よ。
　　僕も長年肉屋をやってますが，今日のこのおすすめの肉は最高です！　いかが
　ですか？

　もっと感動する響かせ方があるかもしれませんが，とりあえず，食べたく
なって注文したとします。

　お肉が運ばれてきて，焼き台にお肉を載せます。片面を焼いて，ひっくり返
そうとして……あれ！　ひっくり返せません。なんと，お肉が網に引っかかっ
て剥がれないのです。でも焼きすぎるといけないので，なんとかひっくり返し
ましたが，残念なことにお肉がボロボロになってしまいました。

　そこで，店員さんが見にきた時に状況を話すと，「あ～，このお肉，網に
ひっつきやすいので，焼く前に網を変えて，牛脂を塗ってもらうようにしてる
んですよ。焼き方もコツがいるんで，こちらで焼かせてもらうことも多いんで
す」。

　…それ，先に言ってよ！

　そう思いませんか？（実際には，そのようなお肉を扱っている焼肉屋は提供
の前に，焼き方の説明をしてくれたり，店員さんが焼いてくれたりすると思い
ます）。

　ここでのポイントは，私たちの製品・サービスも，このお肉と同じというこ
とです。焼き方を間違えれば，美味しいお肉もボロボロになってしまいます。
それでも美味しいのでしょうが，最高の状態で食べたいと思っていたお客様か

らすると，とても残念です。

　私たちもお客様との話の中で，私たちの製品・サービスが，他では得がたい価値を得られることを伝えてきて，購入する意思決定をもらったわけです。しかし，購入後の使い方のことを考えていなければ，この焼肉屋さんと同じことになってしまいます。

　そこで，お客様の購入意思決定後の価値体験をストーリーとして構造化するというのが効果的です。

- ●購入の意思決定をした後は何をすればいいのでしょうか？
- ●購入の意思決定をした後から納入までは何をすればいいのでしょうか？
- ●納入初日には何をして，それから数日はどのようにその製品を使えばいいのでしょうか？
- ●製品の価値を感じるには，何をすると一番よいのでしょうか？
- ●使い方がわからなかったら，どこに聞けばいいのでしょうか？
- ●価値構造で構築されていた価値を実際に得るには，どうしたらいいのでしょうか？

　それらを時系列に並べて，お客様がどのように行動すれば意思決定時に描いていた価値を得られるのかをストーリー仕立てで構造化し，私たちからお客様にお伝えし，理解してもらうのです。

　先の例の焼肉屋さんのように，お客様に勝手に動いてもらってはいけません。お客様は最初は何も知らないと考えましょう。売り手である私たちからすると信じられない間違いをするのがお客様なのです。もちろん，マニュアルも読まないという前提です。

　逆にすべてがわかってしまうと価値が小さくなるサービスもあります。例えばツアーなどです。自由を感じることが価値の一部の場合ですね。その場合は，お客様は赤ちゃんのように何も知らないと考えてストーリーとして構造を作ったうえで，例として示しておくとよいでしょう。評判のいいサービス（顧客体験がいい）は，明らかにこの価値実現の構造がしっかりしています。

第 8 章

価値展開の構造

価値構築経営の構造において，最後の項目である価値展開の構造をみていきましょう。

「ニーズ探索」→「価値創出」→「価値実現」の流れによって価値を提供できるようになりました。価値展開を行う前提は，この最小単位の価値を提供することが可能な状態であることです。

価値構築経営の構造

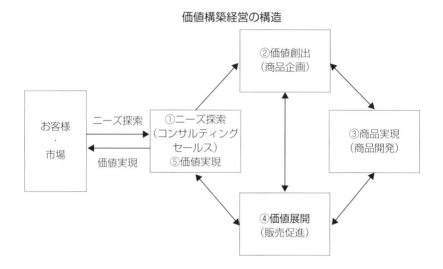

1 価値展開の目的

- ●価値実現を市場に対して最適化し展開していくこと
- ●価値提供の展開を最大化（横展開）していくこと

何度もいいますが，前提は価値実現ができる状態にあることです。

価値実現の質が低い状態で価値展開しようとした場合は，コストと時間だけがかかり，成果が上がらない可能性が高くなります。

この価値展開の中で達成していくことは，

- ●資本投資をかけずに（最小で）価値展開をしていくこと
- ●資本投資をかけて価値展開をしていくこと

● 直接的なセールスでは超えられない壁を越える

になります。

そうすることで，

最小の人の命の時間で，最大の付加価値を提供する

が実現するのです。

2 価値展開の構造

価値展開の構造は下記のようになります。

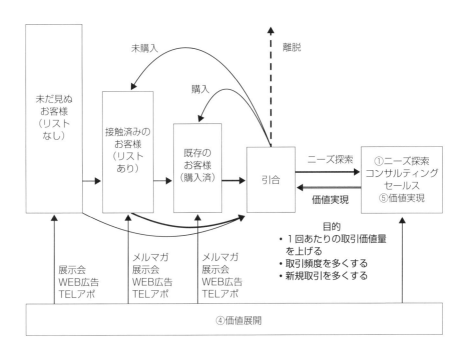

現代では，マーケティング手法や SNS の発展などさまざまな手法ができ上がり，上記よりもとても複雑になっていますが，これから説明する，価値実現の

(1)　１回当たりの取引価値量を引き上げる

(2)　取引の回数を多くする

　　①　一定期間での頻度を多くする

　　②　取引の期間を長くする

(3)　新規取引を多くする

ということを目指すことに変わりありません。

　ここで，キーエンスが行っていたことの一部をご紹介したいと思います。そんなことかと思われる内容かもしれませんが，これほどまで実直にその方法を実践している会社を私は知りません。それは，**メールマガジン**です。私自身，今でもキーエンスのメールマガジンは購読し，学ばせていただいています。

　メールマガジンのプロセスは，

①　お客様と接触し，お客様情報がお客様管理システムに載る（リスト）

②　お客様情報に合わせて，メールマガジン（情報）が配信される

③　配信された情報に対してお客様が反応する（引合い）

④　引合いに合わせて，営業がコンタクトをとり価値実現する

という仕組みですが，上記①〜④を読んでみると，どれも当たり前のことです。しかしこれが，何年にもわたる接触により，接触済みのお客様と既存のお客様で何万社，何十万のご担当者のリストとなり，そこに**ニーズを解決する情報提供**がなされると，１回のメールマガジンの配信で多くの引合いが起こります。実際，私のいた10年前の時点で，１メールで600もの引合いが１部署に起こることもありました。

　メールマガジンという手法は，とても地味に思えますし，受け手である私たちも，時々しか見ないこともありますが，その信用度やニーズ解決の情報の量と質によっては，上記のような反応が起こることもあるのです。

　また，この手法のよいところは，電子的に直接お客様とつながっているため，メールマガジンのプラットフォームの費用（大体は固定費用）以外は，コストがかからないということです。そのため，リストが貯まれば貯まるほど資産に

なっていき，投資金額に比例しない形での引合いを獲得することが可能になります。

　もしお客様管理システムがなく，メールマガジンのように電子的に接触できる状態を作っていなかったとしたら，お客様が接触不可能な**離脱**という状態になってしまい，再び引合いをとるために資金や人件費がかかってしまいます。広告や展示会などに資金や人件費をかけることも有効ですが，その前に，お客様情報を貯めておけるプラットフォームを作っていることが大切なのです。

　もちろん現在では，このリストの貯め方はメールアドレスだけでなく，Twitter や Instagram のフォロワー，LINE 公式アカウント，フェイスブックグループなどさまざまな方法があります。顧客によっては SNS を利用して管理したり，並行管理をしたりしたほうが効果的なこともありますので，自社の顧客特性に合わせて構築してみてください。

3　価値展開の手法

　それでは，価値実現の
- (1)　1 回当たりの取引価値量を引き上げる
- (2)　取引の回数を多くする
  - ①　一定期間での頻度を多くする
  - ②　取引の期間を長くする
- (3)　新規取引を多くする

について，1 つひとつ手法をお話していきたいと思います。

　(1)(2)(3)の順番で話していきますが，あなたが取り組むとしても，ぜひこの順番で考えてみてください。もし(1)と(2)が十分に考えられていないとしたら，(3)をすればするほど経営は苦しくなります。それは，この後を読んでいっていただければご理解いただけると考えています。

⑴　１回当たりの取引価値量を引き上げる

　１回当たりの取引価値量を引き上げるにはどのようにすればいいでしょう
か？　その前に，なぜ１回当たりの取引価値量を引き上げる必要があるので
しょうか？

　簡単な表を用意しました。

１個買ってもらう

提供価値	¥20,000
価格	¥10,000
原価	¥4,000
粗利益	¥6,000
販管費	¥3,000
営業利益	¥3,000

提供価値	¥200,000
価格	¥100,000
原価	¥40,000
粗利益	¥60,000
販管費	¥30,000
営業利益	¥30,000

提供価値	¥2,000,000
価格	¥1,000,000
原価	¥400,000
粗利益	¥600,000
販管費	¥300,000
営業利益	¥300,000

　一番上の表から順に，価格１万円，10万円，100万円で，原価が40％，販管
費が30％となっています。

　提供価値は，取引価格の倍の 2 万円，20万円，200万円で，お客様は十分に満足しているとします。

　ここでみていただきたいのは，販管費です。販管費の中で，1 つの商品を売るためにかかるコストは，主に人件費と広告宣伝費です。1 つの商品をお客様に買っていただき，価値を実現するために，3,000円しか使えない状態と，3 万円使える状態と，30万円使える状態では，どれが効果的な施策を打てるでしょうか。

　中には，30万円使えるほうが効果的な施策が打てるかもしれないが，うちはそんな商品ではないというご意見もあるかと思います。これは，扱っている商品性にもよるのですが，限界まで高付加価値な商品をご用意いただくことをおすすめします。

　例えば，コンサルティングや講師業をされていて，1 時間 3 万円や 1 日10万円のサービスをしているのであれば，月100万円～200万円，年額1,200万円～3,600万円などのサービスも用意するということです。もし，コース料理をメインとした飲食店をしていて，4,000円前後～6,500円前後のコース料理がメインなのであれば，1 万5,000円前後のコースも用意するということです。

　こうすることで何が起こるかというと，お客様の購買の分散が変わります。コンサルティング・講師業であれば，もともと単発で買っていたお客様が月単位や年単位で買いたくなり，飲食店であれば，4,000円～6,500円の中で，5,000円くらいが中間値だったものが，6,500円のものが頼まれやすくなります。正直，一番高いものは高頻度で買ってもらう必要はありません。しかし，"私たちが叶えられる最高の価値はここまでありますよ！"とお客様に対して見せることは，とても大切なのです。

　ここまでは単価の例ですが，今度は取引量を上げてみましょう。

1個買ってもらう	
提供価値	¥20,000
価格	¥10,000
原価	¥4,000
粗利益	¥6,000
販管費	¥3,000
営業利益	¥3,000

3個買ってもらう	
提供価値	¥60,000
価格	¥30,000
原価	¥12,000
粗利益	¥18,000
販管費	¥3,000
営業利益	¥15,000

10個買ってもらう	
提供価値	¥200,000
価格	¥100,000
原価	¥40,000
粗利益	¥60,000
販管費	¥3,000
営業利益	¥57,000

　先ほどの一番上の商品と同様に，1個買ってもらうための割合は，価格1万円，原価が40％，販管費が30％となっています。

　ここでポイントになるのは，3個買ってもらっても10個買ってもらっても販管費は大きく変わらない（梱包費などは原価に含まれている）ということです。通常，販売数量が増えれば，その数量に比例して販管費（特に人件費と広告宣伝費）は増えてしまいます。つまり，1回の購買で，1個を10回買ってもらうと，10回分の接客・セールス（人件費）と10回分の広告宣伝費がかかります。

　しかし，1回の購買で，10個買ってもらった場合は，1回分の接客・セールス

1個買ってもらう	
提供価値	¥20,000
価格	¥10,000
原価	¥4,000
粗利益	¥6,000
販管費	¥3,000
営業利益	¥3,000

3個買ってもらう	
提供価値	¥60,000
価格	¥30,000
原価	¥12,000
粗利益	¥18,000
販管費	¥3,000
営業利益	¥15,000

10個買ってもらう	
提供価値	¥200,000
価格	¥100,000
原価	¥40,000
粗利益	¥60,000
販管費	¥3,000
営業利益	¥57,000

10個買ってもらって，値引3万円	
提供価値	¥200,000
価格	¥70,000
原価	¥40,000
粗利益	¥30,000
販管費	¥3,000
営業利益	¥27,000

（人件費）と 1 回分の広告宣伝費で済むのです。そうすると，10個買ってもらったほうが，同じ販管費で営業利益を大きく得ることができます。

　実際に原価の安い商品であれば，販管費がかからないことを理由に割引値段としてお客様に提供することも可能です。

　このように， 1 個を値引きなく買ってもらうより，30％オフ（ 3 万円引）で10個同時に買ってもらったほうが，営業利益を得られるのです。

　ちなみに，キーエンスの粗利益率は全体を通して81.9％（2021年 3 月期）であるため，上記のような価格変化に対してもとても強くなります。定価ベースでの粗利益率は90％を超えていると考えると，下記のように価格を変化させることもできます。

1 個買ってもらう

提供価値	¥400,000	
価格	¥200,000	
原価	¥20,000	
粗利益	¥180,000	90%
販管費	¥100,000	
営業利益	¥80,000	40%

10個買ってもらう

提供価値	¥4,000,000	
価格	¥2,000,000	
原価	¥200,000	
粗利益	¥1,800,000	90%
販管費	¥100,000	
営業利益	¥1,700,000	85%

10個買ってもらい，40％値引き

提供価値	¥4,000,000	
価格	¥1,200,000	
原価	¥200,000	
粗利益	¥1,000,000	83%
販管費	¥100,000	
営業利益	¥900,000	75%

　40％値引きをしたとしても，粗利益は83％残ります。さらに 1 商談にかかる販管費は変わらないとすると， 1 つ買ってもらうよりも10個買ってもらうほうが，10倍以上の利益が出ることになります。

　ここでご注意いただきたいのは，さまざまなコストを原価側に入れるか，販管費側に入れるかです。間違いやすい例が，コンサルティング業，講師業，マッサージ店などの，価値提供の原資が人件費であるビジネスです。これらのビジネスは粗利率が90％以上と捉えられており，値引きをしても大丈夫だと思われがちですが，大きな間違いです。

　例えばマッサージ店でいえば，下記のような考え方です。

マッサージ店（誤）

	1個買ってもらう			10個買ってもらう			10個買ってもらい，40%値引き	
提供価値	¥12,000		提供価値	¥120,000		提供価値	¥120,000	
価格	¥6,000		価格	¥60,000		価格	¥36,000	
原価	¥600		原価	¥6,000		原価	¥6,000	
粗利益	¥5,400	90%	粗利益	¥54,000	90%	粗利益	¥30,000	83%
販管費	¥4,500		販管費	¥4,500		販管費	¥4,500	
営業利益	¥900	15%	営業利益	¥49,500	83%	営業利益	¥25,500	71%

　上記のように，値引きをしても利益が出ると考えがちなのですが，実際には，1施術で毎回人件費がかかるため，価値提供にかかる人件費は原価として考える必要があります。

マッサージ店（正）

	1個買ってもらう			10個買ってもらう			10個買ってもらい，40%値引き	
提供価値	¥12,000		提供価値	¥120,000		提供価値	¥120,000	
価格	¥6,000		価格	¥60,000		価格	¥36,000	
原価	¥3,100		原価	¥31,000		原価	¥31,000	
粗利益	¥2,900	48%	粗利益	¥29,000	48%	粗利益	¥5,000	14%
販管費	¥2,000		販管費	¥2,000		販管費	¥2,000	
営業利益	¥900	15%	営業利益	¥27,000	45%	営業利益	¥3,000	8%

　そのように考えて，1施術にかかる人件費を，前後のカウンセリングなどの時間と合わせて1回当たり2,500円とすると，原価は600円から3,100円に変わります。この状態で10個買ってもらった時に，値引き40%を計算すると，1個買ってもらうことと10個買ってもらうことによって得る利益も変わらなくなりますし，利益率でいえば下がってしまいます。

　値引きをすることで，1回当たりの取引価値量を増やすことはできていますが，その後のコスト構造を誤ると，利益がなくなってしまいますので，価値展開の際にはしっかり考慮する必要があります。

1回当たりの取引量を引き上げる →

| | 1個買ってもらう | 3個買ってもらう | 10個買ってもらう |

縦書き: 1回当たりの取引価値量を引き上げる ↓

価値20,000（価格10,000）の商品

項目	1個買ってもらう	3個買ってもらう	10個買ってもらう
提供価値	¥20,000	¥60,000	¥200,000
価格	¥10,000	¥30,000	¥100,000
原価	¥4,000	¥12,000	¥40,000
粗利益	¥6,000	¥18,000	¥60,000
販管費	¥3,000	¥3,000	¥3,000
営業利益	¥3,000	¥15,000	¥57,000

価値200,000（価格100,000）の商品

項目	1個買ってもらう	3個買ってもらう	10個買ってもらう
提供価値	¥200,000	¥600,000	¥2,000,000
価格	¥100,000	¥300,000	¥1,000,000
原価	¥40,000	¥120,000	¥400,000
粗利益	¥60,000	¥180,000	¥600,000
販管費	¥30,000	¥30,000	¥30,000
営業利益	¥30,000	¥150,000	¥570,000

価値2,000,000（価格1,000,000）の商品

項目	1個買ってもらう	3個買ってもらう	10個買ってもらう
提供価値	¥2,000,000	¥6,000,000	¥20,000,000
価格	¥1,000,000	¥3,000,000	¥10,000,000
原価	¥400,000	¥1,200,000	¥4,000,000
粗利益	¥600,000	¥1,800,000	¥6,000,000
販管費	¥300,000	¥300,000	¥300,000
営業利益	¥300,000	¥1,500,000	¥5,700,000

　では，1回当たりの取引価値量を引き上げるためには，どのような手法が有効でしょうか。例をいくつか示しておきます。

①　コンサルティングセールスを育成する

　価値展開を考える時に，お客様との接点が，コンサルティングセールスなのか，ただの説明担当なのかによって，取れる手法がまったく変わってきます。

　お客様との接点がコンサルティングセールスであれば，高付加価値商品の付加価値ベースの価格提示や，取引価値量のアップや，アップセルやクロスセル販売などの施策ができ，1回当たりの取引価値量の引上げも，継続的取引へのアプローチや戦略的提携なども比較的容易になります。

　逆にコンサルティングセールスが存在しない場合，価値創出段階や価値展開時に考えうるアイデアが非常に窮屈なものになってしまいます。

②　購入単位を上げて買ってもらう

　先ほどの取引価値量の表のように，1回当たりの購買を多く行ってもらうことで取引にかかる販管費を下げることができ，利益を向上させることが可能です。コスト構造を十分に考えたうえで，複数購入時の価格表を作ったり，複数商品を一緒にしたパッケージ商品を作ったりすることも有効です。

③　お客様が購入する時に，他の製品やサービスを追加する

　購買を多くしてもらうだけでなく，他の製品やサービスを追加で買っていただくという方法です。例えば，キーエンスであれば，付属のオプションツールの提案や，同じ商談に対して事業部の異なる製品がある場合には，その担当を紹介し，お客様への購買を促します。この手法は多くの会社が行っており，例えば，引越しの後にウォーターサーバー販売の連絡が来るのも，この例です。

④　価格を上げ，自社製品を高級市場向けに変更する

　価格を上げるメリットとしては，それを買うに相応しいお客様が買うようになり，より高級市場へのアプローチが可能になります。

　例えば，安くて大量生産されているフェラーリには価値はありません。高いから価値があるということもあるのです。

　では，どのように考えればいいのでしょうか。おすすめは，"今の10倍の価格だったとしても，この商品を喉から手が出るほど欲しい！　というお客様はどのような会社・人か？"を定期的に考えてみることです。

　ただしこの考えは，逆に不利になる業態もありますので，自社の業態を考えて，最大公約数を探してみてください。

⑵　取引の回数を多くする

①　一定期間での頻度を多くする

　次に，一定期間での取引頻度を上げることを考えてみましょう。その前に，なぜ一定期間での取引頻度を引き上げる必要があるのでしょうか？　これにも簡単な表を次頁に用意しました。

　年間に 1 回だけ買うパターンと，年間に 6 回買うパターン，年間に12回買うパターンです。 2 回目以降の購買の際は，すでにお客様は 1 度買っているため信頼があることと，お客様情報がすでに登録されているなどのこともあり，初回取引にかかる販管費は3,000円， 2 回目以降は販管費が1,000円に下がるとします。

　総計を見ると，年間 1 回しか買わない場合は3,000円の利益になります。逆に，年間12回買う場合，総計での利益は 5 万8,000円になります。

　この時，利益というテーマで計算するのもいいのですが，マーケティング費用としての考え方も重要になってきます。

　例えば，年 1 回しか買わない例の場合，利益が3,000円ですから， 1 つ当たりのマーケティング費用を追加しようとしても， 1 購買当たりのマーケティング費用を3,000円追加してしまうと，利益が出なくなってしまいます。このマーケティング費用には，例えばお客様を紹介してくれた代理店への紹介フィーなども考えられるため，代理店構築もできません。

　しかし，もし年12回購買が見込めるとしたらどうでしょうか。先ほどの総計での利益は 5 万8,000円でした。マーケティング費用に代理店へのフィーが入ると考えれば，代理店と利益を折半するにしても， 1 万円の商品を販売して， 5 万8,000円の半分，つまり 2 万9,000円のフィーを支払ったとしても，年間でいえば利益が得られることになります。

一定期間内の取引頻度を向上させる

年に1回だけ買ってもらう

	1	2	3	4	5	6
提供価値	¥20,000					
価格	¥10,000					
原価	¥4,000					
粗利益	¥6,000					
販管費	¥3,000					
営業利益	¥3,000					

	7	8	9	10	11	12	総計
提供価値							¥20,000
価格							¥10,000
原価							¥4,000
粗利益							¥6,000
販管費							¥3,000
営業利益							¥3,000

年に6回買ってもらう

	1	2	3	4	5	6
提供価値	¥20,000		¥20,000		¥20,000	
価格	¥10,000		¥10,000		¥10,000	
原価	¥4,000		¥4,000		¥4,000	
粗利益	¥6,000		¥6,000		¥6,000	
販管費	¥3,000		¥1,000		¥1,000	
営業利益	¥3,000		¥5,000		¥5,000	

	7	8	9	10	11	12	総計
提供価値	¥20,000		¥20,000		¥20,000		¥120,000
価格	¥10,000		¥10,000		¥10,000		¥60,000
原価	¥4,000		¥4,000		¥4,000		¥24,000
粗利益	¥6,000		¥6,000		¥6,000		¥36,000
販管費	¥1,000		¥1,000		¥1,000		¥8,000
営業利益	¥5,000		¥5,000		¥5,000		¥28,000

年に12回買ってもらう

	1	2	3	4	5	6
提供価値	¥20,000	¥20,000	¥20,000	¥20,000	¥20,000	¥20,000
価格	¥10,000	¥10,000	¥10,000	¥10,000	¥10,000	¥10,000
原価	¥4,000	¥4,000	¥4,000	¥4,000	¥4,000	¥4,000
粗利益	¥6,000	¥6,000	¥6,000	¥6,000	¥6,000	¥6,000
販管費	¥3,000	¥1,000	¥1,000	¥1,000	¥1,000	¥1,000
営業利益	¥3,000	¥5,000	¥5,000	¥5,000	¥5,000	¥5,000

	7	8	9	10	11	12	総計
提供価値	¥20,000	¥20,000	¥20,000	¥20,000	¥20,000	¥20,000	¥240,000
価格	¥10,000	¥10,000	¥10,000	¥10,000	¥10,000	¥10,000	¥120,000
原価	¥4,000	¥4,000	¥4,000	¥4,000	¥4,000	¥4,000	¥48,000
粗利益	¥6,000	¥6,000	¥6,000	¥6,000	¥6,000	¥6,000	¥72,000
販管費	¥1,000	¥1,000	¥1,000	¥1,000	¥1,000	¥1,000	¥14,000
営業利益	¥5,000	¥5,000	¥5,000	¥5,000	¥5,000	¥5,000	¥58,000

年に12回買ってもらい，最初に2.9万円の報酬を出す

	1	2	3	4	5	6
提供価値	¥20,000	¥20,000	¥20,000	¥20,000	¥20,000	¥20,000
価格	¥10,000	¥10,000	¥10,000	¥10,000	¥10,000	¥10,000
原価	¥4,000	¥4,000	¥4,000	¥4,000	¥4,000	¥4,000
粗利益	¥6,000	¥6,000	¥6,000	¥6,000	¥6,000	¥6,000
販管費	¥32,000	¥1,000	¥1,000	¥1,000	¥1,000	¥1,000
営業利益	△¥26,000	¥5,000	¥5,000	¥5,000	¥5,000	¥5,000

	7	8	9	10	11	12	総計
提供価値	¥20,000	¥20,000	¥20,000	¥20,000	¥20,000	¥20,000	¥240,000
価格	¥10,000	¥10,000	¥10,000	¥10,000	¥10,000	¥10,000	¥120,000
原価	¥4,000	¥4,000	¥4,000	¥4,000	¥4,000	¥4,000	¥48,000
粗利益	¥6,000	¥6,000	¥6,000	¥6,000	¥6,000	¥6,000	¥72,000
販管費	¥1,000	¥1,000	¥1,000	¥1,000	¥1,000	¥1,000	¥43,000
営業利益	¥5,000	¥5,000	¥5,000	¥5,000	¥5,000	¥5,000	¥29,000

　1万円の商品を販売して，報酬が2万9,000円であれば，代理店はやる気になるでしょう。

　では，どのように購買頻度を多くしていけばいいのでしょうか。

　一般的には，サブスクリプションモデルという方法が流行しています。このモデルについては多くの書籍が出ていると思いますので，説明を任せたいと思います。

　キーエンスが行っていた一定期間における取引頻度を多くするための方法は，次のようなものです。

① お客様のニーズ探索を広くかつ深く行う

② お客様のニーズを叶える価値創造を広くかつ深く行う　→　商品ラインナップが揃う

③ ニーズ探索→価値創造で作られた商品を"どのように使うとどのような成果が出るか？"という用途の提案を，メールマガジンなどを通じて的確に発信する　→　引合い化

④ 実際にどのように使うかの価値実現をコンサルティングセールスが行う

また，購買頻度を高める工夫として，

継続的に購入をすることをお客様側が意図している会社はどこか？

172

ということを考えてみましょう。

　一般的には，"自社の商品を求める会社はどこか？"でしょうが，**私たちの商品を買うことによって，商品価値を向上させることのできる会社はどこか？**"ということを考えます。

　例えば，それは，工場に対して装置を納品しているメーカーです（意外と知られていないのですが，工場の中の装置は，他社が設計・製造していることは珍しくありません）。

　もし，工場に対して直接的にセンサーを販売したとすると，お客様が新しく装置を考えるたびに営業する必要がありますし，装置を考える時期にアプローチしていなかったとしたら，装置メーカー側が使いやすいと思っている他社製品を導入してしまいます。この時，工場側が欲しいのはセンサーではなく，納品される装置から得られる生産性ですから，中で使われているセンサーがどこのものであるかどうかは，選定要素に当たりません。

　そこで，工場に装置を提供している装置メーカーに対して，アプローチしていたとしたらどうでしょうか。工場側から装置メーカーが求められていることは，納品される装置の付加価値です。この付加価値がニーズに叶っていたとすれば，工場側からの大きな反発はありません。

　この場合，価値実現でお話した**意思決定**は，装置メーカー側が強く握っています。装置メーカー側が工場（お客様）の求める価値を実現しようとした時に必要な機器が，私たちの商品であった場合，必然的に選ばれる状態になります。

　上記のように，ある場所で使われる商品の意思決定権は誰にあるのか，と考えることはとても重要です。

　上記の意思決定は，価値実現の章のお話ですが，この価値展開の章では，さらに2つのお話をしていきます（下記のお話はビジネスにおいては一般的といっていいのですが，時折嫌悪感を示されることがあります）。

　1つ目のお話です。装置メーカーは1つの工場に対して，相見積り先として複数社のうちの1社であることが一般的です。ベストなのは，それらすべての

装置メーカーに対して私たちのセンサーが導入されており，どの装置メーカーが選ばれたとしても，自社が選ばれる状態です。つまり，どの会社が選ばれたとしても，私たちの商品が買われるのです。

　このような取引は，公にしながら提案していくことではないかもしれませんが，企業として成長する過程では必要になります。

　2つ目のお話です。一般的に装置メーカーは，複数の会社に対して装置を納品しています。ここで例えば，私たちの会社から10台の製品がその装置の部品として使われていたらどうでしょうか。その装置が1台売れるたびに，私たちの製品が10台売れます。その装置が年間12台売れたとすれば，装置12台×私たちの部品10台で，120台売れることになります。また，このとき，私たちの会社にかかる営業人件費は，その装置への標準導入を決めるまでです。一度決まってしまえば，その後，装置が装置メーカーのお客様に納品されるたびに売れ続けるのです。

　つまり，提案先が1回1回選定を進めるお客様（工場が相手）では，都度の取引価値量を生み出すたびに，販管費（主に人件費）が必要になるのですが，装置メーカーに標準品として売れた場合，装置が売れるたびに（私たちの人件費に関係なく）売れ続けることになるのです。

　上記は，日本ではあまり積極的に取り組まれていないようです。これは，①の取引価値量が上げられていないということが理由にあるかもしれませんが，

　　●私たちの商品を買いたいのは誰か？

というだけでなく，

　　●私たちの商品を継続的に買いたいと思っている人は誰か？

　　●私たちの商品を買うことで，お客様への価値実現ができる人・会社は誰か？

を考えることが大切です。

　また，1回当たりの提供価値を向上させながら，かつ取引頻度を向上させることができれば，売上と利益は指数関数的に増えていきます。

取引頻度を毎月１回年12回 →

1回当たりの取引価値量を引き上げる

価値20,000（価格10,000）の商品

	1	2	3	4	5	6
提供価値	¥20,000	¥20,000	¥20,000	¥20,000	¥20,000	¥20,000
価格	¥10,000	¥10,000	¥10,000	¥10,000	¥10,000	¥10,000
原価	¥4,000	¥4,000	¥4,000	¥4,000	¥4,000	¥4,000
粗利益	¥6,000	¥6,000	¥6,000	¥6,000	¥6,000	¥6,000
販管費	¥3,000	¥1,000	¥1,000	¥1,000	¥1,000	¥1,000
営業利益	¥3,000	¥5,000	¥5,000	¥5,000	¥5,000	¥5,000

	7	8	9	10	11	12	総計
提供価値	¥20,000	¥20,000	¥20,000	¥20,000	¥20,000	¥20,000	¥240,000
価格	¥10,000	¥10,000	¥10,000	¥10,000	¥10,000	¥10,000	¥120,000
原価	¥4,000	¥4,000	¥4,000	¥4,000	¥4,000	¥4,000	¥48,000
粗利益	¥6,000	¥6,000	¥6,000	¥6,000	¥6,000	¥6,000	¥72,000
販管費	¥1,000	¥1,000	¥1,000	¥1,000	¥1,000	¥1,000	¥14,000
営業利益	¥5,000	¥5,000	¥5,000	¥5,000	¥5,000	¥5,000	¥58,000

価値200,000（価格100,000）の商品

	1	2	3	4	5	6
提供価値	¥200,000	¥200,000	¥200,000	¥200,000	¥200,000	¥200,000
価格	¥100,000	¥100,000	¥100,000	¥100,000	¥100,000	¥100,000
原価	¥40,000	¥40,000	¥40,000	¥40,000	¥40,000	¥40,000
粗利益	¥60,000	¥60,000	¥60,000	¥60,000	¥60,000	¥60,000
販管費	¥30,000	¥10,000	¥10,000	¥10,000	¥10,000	¥10,000
営業利益	¥30,000	¥50,000	¥50,000	¥50,000	¥50,000	¥50,000

	7	8	9	10	11	12	総計
提供価値	¥200,000	¥200,000	¥200,000	¥200,000	¥200,000	¥200,000	¥2,400,000
価格	¥100,000	¥100,000	¥100,000	¥100,000	¥100,000	¥100,000	¥1,200,000
原価	¥40,000	¥40,000	¥40,000	¥40,000	¥40,000	¥40,000	¥480,000
粗利益	¥60,000	¥60,000	¥60,000	¥60,000	¥60,000	¥60,000	¥720,000
販管費	¥10,000	¥10,000	¥10,000	¥10,000	¥10,000	¥10,000	¥140,000
営業利益	¥50,000	¥50,000	¥50,000	¥50,000	¥50,000	¥50,000	¥580,000

価値2,000,000（価格1,000,000）の商品

	1	2	3	4	5	6
提供価値	¥2,000,000	¥2,000,000	¥2,000,000	¥2,000,000	¥2,000,000	¥2,000,000
価格	¥1,000,000	¥1,000,000	¥1,000,000	¥1,000,000	¥1,000,000	¥1,000,000
原価	¥400,000	¥400,000	¥400,000	¥400,000	¥400,000	¥400,000
粗利益	¥600,000	¥600,000	¥600,000	¥600,000	¥600,000	¥600,000
販管費	¥300,000	¥100,000	¥100,000	¥100,000	¥100,000	¥100,000
営業利益	¥300,000	¥500,000	¥500,000	¥500,000	¥500,000	¥500,000

	7	8	9	10	11	12	総計
提供価値	¥2,000,000	¥2,000,000	¥2,000,000	¥2,000,000	¥2,000,000	¥2,000,000	¥24,000,000
価格	¥1,000,000	¥1,000,000	¥1,000,000	¥1,000,000	¥1,000,000	¥1,000,000	¥12,000,000
原価	¥400,000	¥400,000	¥400,000	¥400,000	¥400,000	¥400,000	¥4,800,000
粗利益	¥600,000	¥600,000	¥600,000	¥600,000	¥600,000	¥600,000	¥7,200,000
販管費	¥100,000	¥100,000	¥100,000	¥100,000	¥100,000	¥100,000	¥1,400,000
営業利益	¥500,000	¥500,000	¥500,000	¥500,000	¥500,000	¥500,000	¥5,800,000

　ここまでの組み合わせは，価値展開を考える時にとても大きな意味を持ちます。

②　取引の期間を長くする

　次に，取引の期間を長くすることを考えてみましょう。

　その前に，なぜ，取引の期間を長くする必要があるのでしょうか？

　取引の頻度を上げ，さらに取引の期間を長くできれば，さらに売上と利益が向上していくからです。

　1 つ 1 万円の商品を，継続的に買っていただくことを考えてみましょう。

1 年目のみ

取引価値量を向上させる変化

	1	2	3	4	5	6
提供価値	¥20,000	¥20,000	¥20,000	¥20,000	¥20,000	¥20,000
価格	¥10,000	¥10,000	¥10,000	¥10,000	¥10,000	¥10,000
原価	¥4,000	¥4,000	¥4,000	¥4,000	¥4,000	¥4,000
粗利益	¥6,000	¥6,000	¥6,000	¥6,000	¥6,000	¥6,000
販管費	¥3,000	¥1,000	¥1,000	¥1,000	¥1,000	¥1,000
営業利益	¥3,000	¥5,000	¥5,000	¥5,000	¥5,000	¥5,000

	7	8	9	10	11	12	総計
提供価値	¥20,000	¥20,000	¥20,000	¥20,000	¥20,000	¥20,000	¥240,000
価格	¥10,000	¥10,000	¥10,000	¥10,000	¥10,000	¥10,000	¥120,000
原価	¥4,000	¥4,000	¥4,000	¥4,000	¥4,000	¥4,000	¥48,000
粗利益	¥6,000	¥6,000	¥6,000	¥6,000	¥6,000	¥6,000	¥72,000
販管費	¥1,000	¥1,000	¥1,000	¥1,000	¥1,000	¥1,000	¥14,000
営業利益	¥5,000	¥5,000	¥5,000	¥5,000	¥5,000	¥5,000	¥58,000

1 〜 3 年目

	1 年目	2 年目	3 年目	3 年計
提供価値	¥240,000	¥240,000	¥240,000	¥720,000
価格	¥120,000	¥120,000	¥120,000	¥360,000
原価	¥48,000	¥48,000	¥48,000	¥144,000
粗利益	¥72,000	¥72,000	¥72,000	¥216,000
販管費	¥14,000	¥12,000	¥12,000	¥38,000
営業利益	¥58,000	¥60,000	¥60,000	¥178,000

1～5年目

	1年目	2年目	3年目	4年目	5年目	5年計
提供価値	¥240,000	¥240,000	¥240,000	¥240,000	¥240,000	¥1,200,000
価格	¥120,000	¥120,000	¥120,000	¥120,000	¥120,000	¥600,000
原価	¥48,000	¥48,000	¥48,000	¥48,000	¥48,000	¥240,000
粗利益	¥72,000	¥72,000	¥72,000	¥72,000	¥72,000	¥360,000
販管費	¥14,000	¥12,000	¥12,000	¥12,000	¥12,000	¥62,000
営業利益	¥58,000	¥60,000	¥60,000	¥60,000	¥60,000	¥298,000

　計5年間買い続けてもらうと60万円の売上，利益は29.8万円になります。計算上当たり前のことですが，こうしてみると重要性がわかります。

　では，どのように取引の期間を長くするのでしょうか？

　それは，下記のリピートしなくなる理由のすべてに対応するということです。

リピートしなくなる理由
① 不満足であった
② お客様都合でリピートできない状態になった
③ 私たちの商品に完全に満足した
④ お客様が購入することを忘れている

---

　①に対する対応は，この本に記載のニーズ探索から価値実現までのところでできていくと思うのですが，残りの②，③に対する対応ができていないことがよくあります。

　③の"私たちの商品に完全に満足した"とは，どのような状態でしょうか。それは，私たちの商品によって，**もともとのニーズが満たされた**ことを指します。例えば，私たちが肥満体質で，その改善のためにパーソナルトレーニングに行っていたとします。そのパーソナルトレーニングが終わり，スリムになれたとしたら，そのニーズについては満足できたので，パーソナルトレーニングという商品をこれ以上購入する必要はありません。つまり，リピートする理由がなくなってしまったのです。

　こういった状態は"私たちの商品に完全に満足した"ということができます。

　では，この"私たちの商品に完全に満足した"に対してどのように対応すればいいのでしょうか。

　1つ目の対応策は，その商品・サービス購入後の最終段階に起こるニーズに対して，対応可能な商品・サービスを事前に作っておくということです。

　例えばパーソナルトレーニングの後に起こるニーズは，これまでの服がぶかぶかで着られない，新たな出会いが欲しい，2度と太らないための対策がしたい，など多様にあると思います。

　それらに対応した商品を，自社・他社関係なく提供できる状態にしているか？　そういったニーズに長期にわたって対応できるか？　ということが1つです。

　もう1つの対応策は，そもそも完全には満足しないニーズに対する商品を作るということです。

　例えばキーエンスの叶えようとしているニーズは，ファクトリーオートメーション（工場の自動化とその生産性向上）です。そうすると，世の中に工場がある限り，世の中の人がその工場によって作られた製品を消費するという活動があり，より正確に，より精密に，より人の命の時間を無駄にしない限り，キーエンスの商品は買われ続けることになります。リピートのためのニーズはずっと続く前提で，そのうえでお客様を満足させる価値提供を行っているのです。

　また，②の"お客様都合でリピートできない状態になった"とは，どのような状態でしょうか。例えば，引越しをして通える場所にいなくなったということもあれば，体の状況が変わり通うことができなくなった，仕事が変わり忙しくなったということもあるかもしれません。

　その対応はどうすればいいのでしょうか。その対応は2つあります。

　1つ目の方法は，潔くあきらめることです。というのも，上記のような状態になったとき，物理的に対応することは難しく，また既存の商品では対応できない場合が多いからです。対応しようとして利益を落としてしまうのみならず，お客様に逆に迷惑をかけてしまうこともあります。今対応できないことであれ

ば，あきらめることも 1 つの手です。

　2 つ目の方法は，そのニーズに対応した商品企画です。例えば，私たちのことはとても気に入っているが，距離の問題，時間の問題で来られなくなってしまった。その問題を解決するためにはどうすればよいか？　を考えます。

　距離の問題であれば，通信販売やオンラインで価値提供できるような仕組みはどのようなものかを考え，対面とオンラインの特性の違いをよく理解して商品を作ります。

　時間の問題であれば，その人の空いている時間に価値提供の時間を移すにはどうすればいいかなどを考え，新しい商品の企画の種にすることです。

　今回，新型コロナウイルス対策のために，集まらない，対面しない，物を直接受け渡さないという共通概念が生まれました。これにより，社会的ともいうべきお客様都合でリピートできない状態ができ上がりました。

　この都合でリピートできない状態が長く，大きく続くようであれば，私たち自身の業態変更も求められます。

　もし，永続的にお客様に価値提供していくのであれば，一定期間の中で，お客様がリピートしない理由を思い出し，

　　①　不満足であった

　　②　お客様都合でリピートできない状態になった

　　③　私たちの商品に完全に満足した

　　④　お客様が購入することを忘れている

の 4 つのすべてを考えたうえで，その時の最善策をとっていただければ幸いです。

(3)　新規取引を多くする

　ここまでで，

　(1)　1 回当たりの取引価値量を引き上げる

　(2)　取引の回数を多くする

　①　一定期間での頻度を多くする

　②　取引の期間を長くする

というお話をしてきました。もしかすると、“私の問題はこの⑶だ!!”と捉えて、⑴⑵を飛ばして、この⑶を読んでいる人がいるかもしれません。

　今すぐページを戻ってください。

　それは、この新規取引を多くするという前に、⑴と⑵があるためです。お客様との取引で、十分な提供価値と営業利益を得ることができていない状態で、新規取引を増やしたら、**崩壊します。**

　また、こういうと反発があるかもしれませんが、お客様との取引で、十分に価値を提供でき、さらに営業利益を得ることができているのであれば、**新規取引を増やすことは簡単**です。

　もし、あなたが、**新規取引を増やすことに問題を感じているとすれば、新規取引を増やすこと自体は問題ではありません。**

　⑴　１回当たりの取引価値量を引き上げる

　⑵　取引の回数を多くする

の中に問題があります。

　……⑴と⑵は読んでいただけましたか？　ご自身の商品の１回の価値取引量は大きくなっていますか？　取引は頻度高く、かつ長期的に購入したい商品性を持たせられていますか？

　なぜ、ここまで強調するかといいますと、

　⑴　１回当たりの取引価値量を引き上げる

　⑵　取引の回数を多くする

は、お客様の生涯価値（Life Time Value = LTV）を向上させる方法であり、このLTVが小さいままで新規取引を増やす施策を打つことは、命取りになりかねないからです。

　下記は、⑴⑵で使っていた例のまとめです。

1回の取引価値を向上させる

	1
提供価値	¥20,000
価格	¥10,000
原価	¥4,000
粗利益	¥6,000
販管費	¥3,000
営業利益	¥3,000

	1
提供価値	¥200,000
価格	¥100,000
原価	¥40,000
粗利益	¥60,000
販管費	¥30,000
営業利益	¥30,000

年間の取引頻度を向上させる

	1	2	3	4	5	6
提供価値	¥20,000	¥20,000	¥20,000	¥20,000	¥20,000	¥20,000
価格	¥10,000	¥10,000	¥10,000	¥10,000	¥10,000	¥10,000
原価	¥4,000	¥4,000	¥4,000	¥4,000	¥4,000	¥4,000
粗利益	¥6,000	¥6,000	¥6,000	¥6,000	¥6,000	¥6,000
販管費	¥3,000	¥1,000	¥1,000	¥1,000	¥1,000	¥1,000
営業利益	¥3,000	¥5,000	¥5,000	¥5,000	¥5,000	¥5,000

	7	8	9	10	11	12	総計
提供価値	¥20,000	¥20,000	¥20,000	¥20,000	¥20,000	¥20,000	¥240,000
価格	¥10,000	¥10,000	¥10,000	¥10,000	¥10,000	¥10,000	¥120,000
原価	¥4,000	¥4,000	¥4,000	¥4,000	¥4,000	¥4,000	¥48,000
粗利益	¥6,000	¥6,000	¥6,000	¥6,000	¥6,000	¥6,000	¥72,000
販管費	¥1,000	¥1,000	¥1,000	¥1,000	¥1,000	¥1,000	¥14,000
営業利益	¥5,000	¥5,000	¥5,000	¥5,000	¥5,000	¥5,000	¥58,000

年間の取引頻度を向上させ，1回の取引も向上させる

	1	2	3	4	5	6
提供価値	¥200,000	¥200,000	¥200,000	¥200,000	¥200,000	¥200,000
価格	¥100,000	¥100,000	¥100,000	¥100,000	¥100,000	¥100,000
原価	¥40,000	¥40,000	¥40,000	¥40,000	¥40,000	¥40,000
粗利益	¥60,000	¥60,000	¥60,000	¥60,000	¥60,000	¥60,000
販管費	¥30,000	¥10,000	¥10,000	¥10,000	¥10,000	¥10,000
営業利益	¥30,000	¥50,000	¥50,000	¥50,000	¥50,000	¥50,000

	7	8	9	10	11	12	総計
提供価値	¥200,000	¥200,000	¥200,000	¥200,000	¥200,000	¥200,000	¥2,400,000
価格	¥100,000	¥100,000	¥100,000	¥100,000	¥100,000	¥100,000	¥1,200,000
原価	¥40,000	¥40,000	¥40,000	¥40,000	¥40,000	¥40,000	¥480,000
粗利益	¥60,000	¥60,000	¥60,000	¥60,000	¥60,000	¥60,000	¥720,000
販管費	¥10,000	¥10,000	¥10,000	¥10,000	¥10,000	¥10,000	¥140,000
営業利益	¥50,000	¥50,000	¥50,000	¥50,000	¥50,000	¥50,000	¥580,000

年間の取引頻度を向上し，期間も長くする

	1年目	2年目	3年目	4年目	5年目	5年計
提供価値	¥240,000	¥240,000	¥240,000	¥240,000	¥240,000	¥1,200,000
価格	¥120,000	¥120,000	¥120,000	¥120,000	¥120,000	¥600,000
原価	¥48,000	¥48,000	¥48,000	¥48,000	¥48,000	¥240,000
粗利益	¥72,000	¥72,000	¥72,000	¥72,000	¥72,000	¥360,000
販管費	¥14,000	¥12,000	¥12,000	¥12,000	¥12,000	¥62,000
営業利益	¥58,000	¥60,000	¥60,000	¥60,000	¥60,000	¥298,000

年間の取引頻度を向上し，期間も長くし，1回の取引も向上させる

	1年目	2年目	3年目	4年目	5年目	5年計
提供価値	¥2,400,000	¥2,400,000	¥2,400,000	¥2,400,000	¥2,400,000	¥12,000,000
価格	¥1,200,000	¥1,200,000	¥1,200,000	¥1,200,000	¥1,200,000	¥6,000,000
原価	¥480,000	¥480,000	¥480,000	¥480,000	¥480,000	¥2,400,000
粗利益	¥720,000	¥720,000	¥720,000	¥720,000	¥720,000	¥3,600,000
販管費	¥140,000	¥120,000	¥120,000	¥120,000	¥120,000	¥620,000
営業利益	¥580,000	¥600,000	¥600,000	¥600,000	¥600,000	¥2,980,000

　すべてを実践するのは机上の空論と呼ばれてもおかしくありませんが，1回しか買わない商品を，年間で月に1回購入してもらうようにすることは空論ではありませんし，もともと1万円の商品を，10万円以上で買ってもらうことも空論ではありません。

　では，この(1)(2)を超えて，LTVを計算でき，高付加価値状態になれたという方は，新規取引を増やしていきましょう。

①　新規取引を増やす方法①〜紹介システムを創り上げる

　紹介制度や代理店制度を用いて，自社の引合いを増やす仕組みを作りましょう。このとき，紹介者や代理店は，私たちのお客様に近く，かつ信頼を得ている会社や人を選びます。

②　新規取引を増やす方法②〜最初は収益トントンでもお客様を獲得し，LTVで利益を上げる

　紹介制度や代理店制度をみると，明らかに代理店側がやる気の出ない仕組みになっていることを見かけます。商品提供側にLTVの計算ができていないの

か，(1)(2)ができておらず，十分な営業利益が確保できていないのかはわかりませんが，たくさん営業してコストをかけなければならない代理店側に対して，十分な報酬がない状態が見受けられます。

例えば，

提供価値	¥200,000
価格	¥100,000
原価	¥40,000
粗利益	¥60,000
販管費	¥30,000
営業利益	¥30,000

この商品であれば，おそらく代理店にフィーとして渡せるのは，価格の10%から多くて15%，つまり，1万円から1万5,000円でしょう。その状態でも，商品提供側に残る営業利益は1万5,000円程度（15%）です。10万円の商品が1回1つ売れて1万円〜1万5,000円です。

しかし，同じ商品を年間LTVで考えると，営業利益が58万円ありますから，29万円渡したとしても，29万円の収益が得られます。

	1	2	3	4	5	6
提供価値	¥200,000	¥200,000	¥200,000	¥200,000	¥200,000	¥200,000
価格	¥100,000	¥100,000	¥100,000	¥100,000	¥100,000	¥100,000
原価	¥40,000	¥40,000	¥40,000	¥40,000	¥40,000	¥40,000
粗利益	¥60,000	¥60,000	¥60,000	¥60,000	¥60,000	¥60,000
販管費	¥30,000	¥10,000	¥10,000	¥10,000	¥10,000	¥10,000
営業利益	¥30,000	¥50,000	¥50,000	¥50,000	¥50,000	¥50,000

	7	8	9	10	11	12	総計
提供価値	¥200,000	¥200,000	¥200,000	¥200,000	¥200,000	¥200,000	¥2,400,000
価格	¥100,000	¥100,000	¥100,000	¥100,000	¥100,000	¥100,000	¥1,200,000
原価	¥40,000	¥40,000	¥40,000	¥40,000	¥40,000	¥40,000	¥480,000
粗利益	¥60,000	¥60,000	¥60,000	¥60,000	¥60,000	¥60,000	¥720,000
販管費	¥10,000	¥10,000	¥10,000	¥10,000	¥10,000	¥10,000	¥140,000
営業利益	¥50,000	¥50,000	¥50,000	¥50,000	¥50,000	¥50,000	¥580,000

　そうすると，例えば，1年間20％のフィーを渡したとしても24万円になり，利益は34万円を得られますし，一括フィーとして，20万円渡したとしても利益は38万円を得られます。

- 10万円の商品を1回1つ売れて1万円
- 10万円の商品を1回取引が始まれば一括で20万円
- 10万円の商品を1回取引が始まれば，毎月2万円（年間24万円）

　あなたはどれが最も気持ちが動く（営業の気が動く）でしょうか？

③　新規取引を増やす方法③〜LTV を考え，営業を雇う

　LTV を扱うことができるようになれば，営業の投資回収も見えやすくなります。上記の紹介者や代理店に払う金額以下で，同じ成果を得られるようにもなるでしょう。逆に，十分に LTV が上がり，その営業手法が確立するまでは営業は増やすべきではありません。

④　新規取引を増やす方法④〜LTV を考え，広告投資を行う

　特別イベントや情報会の開催，展示会への出展の意思決定も，このLTV を理解していれば，逆算して名刺交換1枚の価値を考えることができます。また，ダイレクトメールやテレマーケティングの活用も可能になりますし，見込み顧客リスト（名簿）の獲得も可能になります。

　新規集客に対しては，新規テレアポや展示会への出展，セミナー，ダイレクトメール，WEB広告などさまざまな方法があります。それらの人への投資，広告への投資は，高付加価値を提供できる LTV の高い商品性に支えられているからです。

　また，この新規取引を多くする際に気をつけたほうがいいことは，その**広める媒体（人・広告）は，コンサルティングセールスではない**ということです。もし私たちが，紹介者や代理店を使用して新規取引を多くする場合，私たちがその紹介方法や，代理店の販売方法，コンサルティングセールスの手法を伝える必要があります。

　また，広告を活用して新規取引を多くする場合には，お客様の**利点に着目**し，その広告自体がセールスを行ったり，お客様に気づきを与え，引合いになったりするような広告にする必要があります。

　LTV を計算できていれば，これらの新規取引を増やすためのアイデアはいくらでも生み出すことができます。

第 9 章

構造によって価値を
生み出した事例

　ここまで，価値構築経営の構造を解説してきました。価値構築経営の構造を
お伝えする中には，時折，戦略的ポジショニングの話や，現場でのニーズのヒ
アリングや，反論処理をし購入意思決定に至るといったような戦闘レベルの話
もありました。この全体のストーリーが，私が考えるキーエンスの競争力の源
泉でもあり，価値構築経営の構造（Structure of Value Construction）なので
す。

- 営業がニーズを，ニーズの裏のニーズ，背景レベルで捉え，収集する
  （ニーズ探索）
- 商品企画がそのニーズを叶える世界初の商品を企画し（価値創出）
- 開発がその世界初の商品を創り上げ（商品実現）
- 販売促進が販売管理と最適化を行い（価値展開）
- 営業が商品による価値を実現する（価値実現）

どれも当たり前に想像しうることです。しかしその当たり前のことを，どれ
かに特化したわけではなく，すべてに対して，誰もできないくらい愚直に，深
く，広く，そして速く行っているのがキーエンスであると私は思います。
　また，この話を読んでいただいても，すでに価格が市場により固定されてし
まっている，例えば大手企業の下請けで価格変更はほぼ不可能なような場合，
価値創出は大手企業側が行っていますので，私たちに価格決定権はありません。
そのような場合は，自社内のコストダウン，ムリ・ムラ・ムダの排除，そして
業務改善を行い，同じ付加価値を，より少ない命の時間と資金で行い，利益と
時間を確保します。そして，改善によりできた人の命の時間とお金で，新たな
サイクルとしての価値構築経営を実践する流れを創ります。
　2021年の現在は，新型コロナウイルスの影響もあり，各業界が異業界の受入
れの壁を薄く低くしている傾向があります。実体験されていることもあるかと
思いますが，次図のような変化も起こっており，価値実現方法が変化した部分
も多分にあります。

▶コロナによる企業環境の大変化

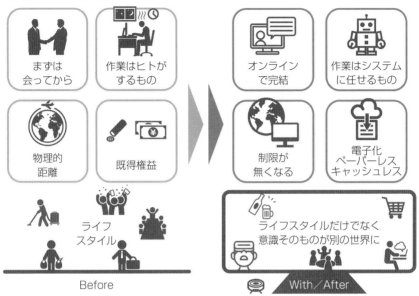

　そのため，**ニーズはあるのに，価値提供がされていない市場**がたくさんできています。これは，現代ビジネスにおけるとてつもなく大きなチャンスといえるでしょう。

　今，このチャンスを得るためにとても大切なことは（今だけではないのですが），**本気になること**だと私は思っています。"ここまで構造の話をしておいて，最後は根性論か！　いつでも本気だよ！"というご意見もあると思うのですが，この本気という言葉の定義に違いがあるのです。

　普通の人の本気は，半年から1年で企画を練ります。本人は本気だと思うのですが，**計画に時間をかけすぎ**です。今の時代では，この企画はスタートしません。

　頑張る人の本気は，3か月で企画を練ります。素晴らしい本気だと思うのですが，これでもまだ普通と呼ばざるを得ません。**時間のかけすぎ**です。今の時代では，この企画は2か月遅くなってしまいます。企画は規模と差別化の準備

期間によりますから，年商何百億円，利益10億円以上を狙うという企画であれば話は別ですが，利益１億円前後くらいの企画であれば，下記が本気です。

本気の人の本気（例）

　数日で構想を作り，１週間でその構想を知人の経営者何十人かに話してテスト受注し，試行錯誤しながらサービスを作り上げ，１か月後には，何かしらの形を作ります。そして価値を研ぎ澄まし，高付加価値，再現性の担保ができた状態で，大きく価値展開をしていきます。**そして，うまくいかなくても，すぐに次の構想を企画します。**

　重要なことは，行動そのもののスピードと次に移るスピードです。キーエンスの話を聞くと，とても堅実で愚直で慎重のように見えると思います。そのとおりなのですが，それでも他社より早いのは，**圧倒的な行動量**に支えられているからです。

　営業担当の月のアポイント数は，私がいた時で，対面で50アポイント以上，多い人は80〜90アポイントの人もいました。数千人いる組織の営業全員が，精密なコンサルティングセールスを行いながら，このような行動量を確保しています。そのため，新製品がリリースされた後も，お客様からの質問や反論が集まったり，有効な用途が集まったりすることがとても早いのです。集まった質問や反論に即対応し，Q&A集を作ったり，機器のファームウェアの更新であったり，と手を打ち，結果としてお客様の満足度を上げることができています。

　本気になることとは，そういう意味なのです。価値構築経営の構造を知っただけでは何の価値もありません。また，普通のスピードや行動量で使っていったとしても，そこそこうまくいった……で終わります。

　価値構築経営の構造に，圧倒的なスピードと行動量（本気）で取り組むことが，圧倒的な成果を生む秘密になるのです。

　最後に，『構造が成果を創る』を学ぶことによって価値を生み出した企業の事例をご紹介しながら，この本で書かれていることの効果を示して，締め括りたいと思います。

事例① 大きな営業組織における共通言語と価値観を！

◆企業概要

　総合人材会社として，国内外100拠点，今期20期目で売上560億円。

◆事業内容

　紹介，派遣，求人広告の代理店事業（求人，グルメサイトメディア事業の運営代理など），新規事業，各業界向けに展開し，B to B が主で，媒体運営，オウンドメディア，WEB，クラウド，FinTech，Saas，HRTech などを運営。

◆研修内容と目的

- ●マネージャ層の方々に対するコンサルティングセールス研修
- ●自身の組織に，成果の違いを作ることが目標

　この会社の社長様とお話したときに，「規模を拡大してきたフェーズから利益率の向上を考えている今，弊社の課題感とドンピシャだったので，私も気づきがたくさんありましたが，皆参考になるところが多かったのではないかと思います」と言っていただいたことを覚えています。

　大きくなっていく組織の中で，たくさんの方々が入社し，経験もばらばらになり，さらにたくさんのプロジェクトが発足していく。共通の価値観は理念の浸透として実行をしているが，そこに共通の価値構築の仕組みがなければ，同じ思いを持った人たちでも，同じ価値は伝えられなくなってしまいます。そんな中で実施した研修だったことを覚えています。

　この会社様では，研修受講者へのインタビューを行っています。以下は，そのうちの１人のお話です。

190

① 事業部について
　グループ全体では4つの事業があり，中でもHRTechは，人とテクノロジーの力でお客様の価値提供をしています。
　私はWEB会議システムで，
　① 移動や時間に関わる効率化
　② 売上アップ
　③ 経費削減
を実現しています。

② 起きた変化（成果）
　まず市況感からお話すると，2020年2月からぐんと上がりました。大きな要因は，新型コロナウイルスの影響です。リモートワークで，そもそも訪問できないという理由から，オンライン会議を各社取り入れられたのがきっかけです。この研修を受ける前も，営業の型が決まっていなくても，それなりに契約は発生していました。
　この特需が起こるタイミングと今回の学びはマッチしていました。実は，特需に合わせて1月から3月はKPI（月間商談数）を抜本的に見直したのです。人によっては月に30商談だったものを90商談と，3倍にしたケースもあります。その前からKPIを上げようという話はあったのですが，**量に対して質が伴ってこない部分が発生するだろうと思い止まっていました**。私が営業を管掌しているので，営業の型や一定水準のフォローアップはしないといけないという気持ちはありました。今回の学びを受けたことによって，その型を，営業全体にすぐ落とせたので，全体的にボトムアップできました。
　個人的な話をすると，営業研修などをこれまでも受けてきましたが，一方通行の研修しかありませんでした。今回のように，しっかり準備をして，アウトプットを前提に始めるような，**成果に直結する学び**はなかったので，自分自身の型を創ることと，今やっていることの「ものさし（成果にどう結びついているか）」は何だろうというところを，明確にするきっかけになりました。
　成果の定量情報としては，アポ率改善が40.8%→64.1%，商談数が1.57倍に増えました。成果額として8,904万円の違いが生まれました。今回の研修を受けての施策がなければ5,671万円の着地見込みだったので，**月次純増売上が3,233万円**です。また，商談転換率の改善も起こり，3.1%→7.7%，転換率が2.48倍に上がりました。成果額として1億5,000万円です。

③　問題解決に"構造が成果を創る"はどのように機能したか？
　構造で考えることによって，自分自身の振り返りができました。これまでなんとなくやってきたので，一本筋の通った「こういうふうに描いている構造の中で，今こう進んでいる」というイメージが，メンバーには共有されていませんでした。1本の軸ができ上がったので，「ここから外れたから，こうなったんだな」ということがわかるようになりました。私がもともと自分の中で持っていた軸と，この研修で学んだ軸と比較することで，より効果的に振り返ることができました。
　パッケージというかコンテンツ全体を，仕組みとして落とし込んでいただいたので，メンバーにも展開しやすかったです。

④　「ニーズの裏のニーズ」について
　なんとなく"深掘りしよう"というようなことは先輩から言われてきましたが，深掘りといっても，横に広げる，下に広げる，裏にもある。言葉の定義をきちんと決めると，なんとなく頭に浮かんでいたものが"確かにこれはここに当てはまるな"と，パズルのピースのようにはまっていくのがすごくよかったですね。

　この会社では20名ほどのマネージャ様に集合型研修を行っていたので，この方以外にもたくさんの成果を出していただくことができました。以下はその例です。

①　営業プロセスのクロージング→受注の転換率改善
　2020年2月→3月で，50％→79.6％へ改善（1.59倍）。
　月間商談数平均は約420商談，クロージング案件は月間平均84社，クロージング転換率29.6％の改善は，受注24社分の価値のため，24社×単価50万円＝月間1,200万円の価値。
②　受注単価の改善
　2020年2月→3月で，39.6万円→49.2万円へ改善（1.24倍）。
　月間受注数平均は約70社のため，平均単価9.6万円の改善は70社×9.6万円＝月間672万円の価値。

③　営業プロセスの商談→担当者合意の転換率改善

　2020年2月→3月で，27.7％→41.3％へ改善（1.49倍）。

　月間商談数平均は約420商談なので，商談から担当者合意率27.7％で積み上がる担当者合意は月間平均116社，転換率13.6％の改善。これは月間受注8社分に相当するため，8社×単価50万円＝月間400万円の価値。

　行動量が担保されているだけでなく，価値を伝える構造がしっかりすると，伸び続ける構造ができ上がっていきます。

事例② 誰もが成功できる会社にしたい！

◆企業概要

　従業員数5,250名，今期13期目で売上175億円のインバウンド・アウトバウンドコールセンター事業を営む会社。2020年，グループとして東証一部に上場。

◆事業内容

　CRM，アウトバウンド事業，インバウンド事業，人材派遣業，有料職業紹介事業，生命保険・損害保険の募集業務などを運営。

　この会社様では，トークスクリプトにコンサルティングセールスを取り入れることに取り組みました。もともとの経緯としては，この会社の社長様が，価値構築経営の構造に関しての総論のお話を聴いてくださったときに，"うちの会社に来たら，誰もが成功できるようにしたい！"という思いを持たれておられました。お目にかかった際に，以下のようにお話されました。

　私たちはコールセンターという事業を行っています。私たちは言葉によってお客様に価値を伝えています。その時に大切なものはみんなが読むトークスクリプトです。

　今のクライアントからOKをもらっているトークスクリプトが，お客様から

のあらゆる質問に対してのトークをカバーしているのだろうか？　断られた後の
トークも指定されていて，そこに対する顧客に価値を伝え直すトークができてい
るだろうか？　多くの場合，NO です。そして，最初に考えていたトークスクリ
プトの流れと，実際のお客様との会話に乖離のないことなどあるでしょうか？
そんなことはありえません。

　私たちは，それを読めば誰もがお客様に価値を伝えることができるようなトー
クスクリプトを創りたいのです。それができ上がれば，私たちの会社に入ってき
た人たちがより自信をもって仕事ができ，皆で成果を分かち合い，そして**人のせ
いにしない会社**にできると思うんです。

　そのような話を受けて，成果を創るための構造を考えたのを覚えています。
もちろん，その会社様にはすでにトークスクリプトは存在し，教育制度もあり
ました。そんな中，2 か月で成果を出すことを目指す研修構造を創り，実践し
ていただきました。

　下記は，研修に参加した責任者が 2 か月で出した成果です。

① 　来店予約の受注率向上と 1 人当たりの平均値（予約獲得数）の向上
　●結果：来店予約の受注率が9.3％→14.1％に向上
　●結果：1 人当たりの 1 日当たりの予約獲得数が4.8→5.6増加
　●価値：月間で650万円（結果），年間で7,800万円（見込）の売上向上
② 　生産性の向上（来店予約数の向上）
　●結果：チーム合計平均値0.12向上，平均値先月比106.0％
　●結果：平均値0.12向上→月間予約数＋70件，年間予約数＋840件
　●結果：平均成約率16.4％，月間成約数＋11件，年間成約数＋132件
　●価値：年間で720万円の売上向上（5 万4,500円／ 1 成約）
③ 　配属 1 か月未満・既存下位層の生産性の向上
　● 1 月中旬：部署の平均値5.24（在籍人数50人）
　● 1 月着地：部署の平均値6.13（在籍人数58人）

④　部署売上の向上

＜1月中旬までの指標での成果＞

- ●稼働人数624.28×平均値5.24＝来店予約数3,271件
- ●来店予約数3,271×成約率37%（部署平均）＝成約数1,210件
- ●成約数1,210×1万7,600円（1成約単価）＝売上2,129万6,000円

＜1月着地の指標での成果＞

- ●稼働人数735.62×平均値6.13＝来店予約数4,509件
- ●来店予約数4,509×成約率37%（部署平均）＝成約数1,668件
- ●成約数1,668×1万7,600円（1成約単価）＝売上2,935万6,800円

＜差分価値＞

- ●差分売上8,060,800円／月
- ●同人数換算でも差分4,011,586円／月

　このほかにもたくさんの成果を出していただき，年間で見れば3億円を超える成果（利益ベース）を挙げていらっしゃいました。また，初めて受講者とお会いした時には，このようにすべてをファクト（数字）でお話してくれるという雰囲気ではなかったのですが，最後の成果発表時には上記のように発表してくれました。何より，責任者のみなさん全員が数値の向上を実感し，語ってくれていたことに感動したのを覚えています。

　「構造が変われば，成果が変わるということに，本当に実感を持つことができました。責任者としてこれからも同じように構造や仕組みで成果を出していきます」

　この言葉自体もとても感動したのですが，その責任者に自信のオーラが溢れていることにとても感動したのを覚えています。

　正しい努力をしっかりと繰り返していけば，必ず成果が出せる。そう感じた会社様です。

事例③　圧倒的な世界観の価値を仕組み化する

◆企業概要

　株式会社トリート（https://www.treat-co-ltd.co.jp/）。店舗は直営8店舗とFC3店舗。売上（2020年度）50億5,400万円，従業員数380名。

◆事業内容

　ウェディングドレスの販売・レンタル。

　世界の一流デザイナーをはじめプロフェッショナルが手掛けるウェディングドレスの販売を行う株式会社トリート。「本物」にこだわり自信をもって提供し続ける同社代表取締役 Chief Happiness Officer の石川美帆様に，全社員プロジェクトとして取り組まれた研修について伺いました。

　① どのように研修を取り入れたか

●ドレスコーディネーターのナレッジプロジェクト

　成績優秀者であるトップコーディネーターのナレッジの見える化です。最終目標を，他メンバーに落とし込むための教科書作り，社内研修作りと定めました。100名のコーディネーター全員の成約率が5％上がれば，全社でも5％上昇することになりますから。

　今まではトップの担当者が自主的にレクチャーしていたものの，全社で体系化していませんでした。具体的には，コンサルティングセールスのノウハウをティーチングしてもらい，自社に応用し，体系立てて作り込みをします。感覚やセンスでお客様にご満足いただいていたトップのやり方を構造で捉え，誰でもお客様満足度を上げられる仕組みに仕上げました。

●業務改善

　実は2年前に，徹底的にやりきった感があったのですが，作業や業務を洗い出して時給換算するという視点など，まだできることは相当あるなと実感しました。今まで，アナログな対応でこそお客様からの信頼を得てきた自負はありながら，最終目標を「本当の意味で，お客様のための時間を増やす」と定め，システマ

チックにチャレンジしているところです。

●研修体制

　直接参加したのは，ナレッジプロジェクトに6名，業務改善に約10名ですが，全社員が当事者として取り組む全社プロジェクトと位置付けました。社内報で進捗と決定事項を発信し，マネジャーには部下に落とし込めるように会議でフォローアップを行いました。

　実は，研修を意思決定したのは新型コロナウイルスの影響が出始めた頃でした。通常では（ドレス）コーディネーターの予定がご予約で埋まってしまうため，まとまった時間で取り組めるタイミングでした。

② 得られた成果について

　プロジェクトに参加したコーディネーターの平均受注単価は，74〜75万円が80万円を超え，今後，全社に展開することによって確実に成果が出ると予想できます。

　業務改善については，考え方の変化や新たな意思決定によって，倉庫の家賃を削減できるなど，少なくとも最終的に億円単位の改善につながることがわかりました。

③ 取組みの変化について

　研修ごとに気づきがありました。進むべき会社の方向性や次にとるべきアクションが明確になりました。プロジェクトメンバーの成長になったことも大きいです。業務改善には，新卒社員やアルバイトも含め，意思決定の場に関わったことのないメンバーにも参加してもらうと「自分たちで決めていいんだ。自分たちが変えていくんだ」と自主性を発揮できるようになってきました。

　今まで，お客様と本気で向き合い，「本物」を届けることを追求してきたことが間違っていなかったと確信を得られました。2020年8月から単月黒字，来期は6,300組と過去最高が見えています。意思決定や業務改善の成果もあり，収益性は想定よりも上がる見込みです。

　コロナ影響下でありながら9月には，世界11か国発刊のブライダル月刊誌「ELLE mariage」の最優秀マルチブランド・ブライダルガウンブティック賞の受賞が決まりました。また，世界的デザイナーのトモコイズミからのオファーで，ウェディングドレスのコラボ制作を行いました。現在は，世界的に著名な歌手からの依頼を受け，準備に追われているところです。

　誠心誠意，最高の商品をお届けする本質を見失わなかったことが，お客様だけでなく，第三者に理解していただけるステージに立てたのだと思います。

④　今後の展望
　特別に新しいことを行うより，当社の一番の強みを活かしていきます。衣装を身にまとうシーンを日本に増やすことを文化にしたいです。例えば，成人式にドレスを提案することや，強みである"世界観"を活かし，本物を形に残すベストな1枚を撮影するお手伝いなど，ドレスのその先をディレクションするプロジェクトを全社的に行っていきます。

　石川社長は，お会いした時に，トップコーディネーターの人たちは"圧倒的だ"とおっしゃっていましたが，そのトップコーディネーターと一緒に価値構築を進めていくうちに，"圧倒的"の意味を知ることができました。彼女たちがお客様の信頼を得るために行っていること，ニーズを引き出すために聴いていること，その姿勢。お客様のニーズを叶えるために行っている研ぎ澄まされたプレゼンテーション。そして，お客様が迷っているところの背中を押してあげる勇気づけ。その1つひとつが他者と比べて圧倒的だったのです。
　彼女たちにレクチャーを進めていくと，"自分がなぜ売れているのか？"，"圧倒的といわれる理由は何なのか？"ということを構造として分解していくことで，他者に伝えることができるナレッジになりました。今も現場では，"圧倒的"から生まれるナレッジが，お客様にさらなる感動を与え続けていると聴いています。

事例④ トップコンシェルジュが顧客に伝える価値を仕組み化

◆企業概要
　バリュエンスホールディングス株式会社（旧・株式会社SOU）。2007年創業，2011年設立。売上高は連結で379億円（2020年8月期）。従業員数は連結で587

名，単体は459名（2020年8月末現在）。

◆事業内容

　ブランド品，貴金属，宝石等の買取り・販売を行う。国内外に100店舗以上の買取専門店を持つ。

　ブランドリユース業界でトップクラスの売上を誇るバリュエンスグループ。設立から7年の2018年には東証マザーズへの上場を達成するほどの成長ぶりです。今回は，国内外に100店舗以上を展開するブランド買取専門店「なんぼや」の主戦力ともいえるコンシェルジュ（鑑定士）の皆様に研修を行いました。お伺いしたのは，バリュエンスジャパン株式会社 事業戦略本部 出張オンライン部 シニアスペシャリストの武川優介様です。

　① どのように研修を取り入れたのか

　当社では，お客様がお持ちになったブランド品や貴金属，宝石を査定して買取りをする鑑定士をコンシェルジュと呼んでいます。商品を査定するだけが仕事ではなく，お客様のご要望や背景まで理解したうえで，ご提案させていただくことを重視しています。そのため，10〜20分の接客でお客様をどれだけ知り，提案できるかがカギになります。

　当社の接客にコンサルティングセールスの考え方を取り入れる研修と，さらに活躍しているトップコンシェルジュの接客内容を言語化，仕組み化した営業ツールを作成しました。各店舗のコンシェルジュに展開することが目的です。関東，関西の10名で，4か月間，計5回の研修を通じて作り上げていきました。

　② 得られた成果について

　営業ツールを店舗に落とし込んだのが2020年7月です。新型コロナウイルスの自粛明けで多くのお客様が来店されたことも相まって，売上，仕入，粗利ともに大きく右肩上がりになりました。接客スキルが向上したことも，間違いなく要因の1つです。従来の接客フローは3フェーズでしたが，トップコンシェルジュの手法をさらに細かく構造化したツールによって，実践しやすかったようです。

　接客の影響が表れる買取り時の成約率，それに伴う仕入額も徐々に上がってき

ています。これは，安くお譲りいただくことも大切ですが，質のよい商品が多く集まってきていることを意味しています。

③　取組みの変化について

　コンサルティングセールスの「ニーズの裏のニーズ」の考え方により，まさに「何をもってお客様が売りたいと思っているのか」を引き出すことができました。例えば，ブランドバッグを現金化した後どうしたいのか？　を深く掘り下げると，新しいバッグを買おうとしていることや，子どもへのプレゼントにしたい，生活費に充てたいなど，本当の理由が出てきます。よりお客様を理解したうえでのご提案が可能になるため，満足度も高くなります。

　研修中は，感覚で行っていた自身の接客を体系的に捉え，言語化することで気づいた部分が多かったようです。楽しんで取り組んでいた様子で，学んだことを拠点に持ち帰って他の社員と実践してみるなど，すぐにアウトプットしていたのも効果を感じました。さらに「こうしたらもっと利益率が上がるのでは」などと新しいアイデアが生まれることもありました。

　研修が終わった後は，接客に自発的に取り組む姿勢が見られます。また，部下をマネジメントしているメンバーだったため，部下のスキルを上げる意識で取り組んでいたようです。ここで作られたツールを利用して指導を受けた社員は利益率，成約率ともに上がっています。定着するまで自発的にロールプレイングを行う社員や，苦手なフェーズを自身の月次アクションに組み込む社員もいます。研修を通じて視野が広がったのか，他のエリアにまで横展開させる動きも見られました。

④　今後の展開について

　いまは作り上げた営業ツールを進化させているところです。お客様や商品属性を細分化した情報を組み込んだ営業支援ツールになれば，より的確なご提案が可能になると考えています。

　この会社様は，実は価値構築経営の構造を創るきっかけをいただいた会社です。私自身，この会社でセッションを行う前は，"キーエンスに学ぶ"ということをテーマにセミナーを行っていただけだったのですが，この時のセッションをきっかけに，価値構築経営の構造を創るということを始めました。自身の

行っていることが，もともと素晴らしい成果を上げている会社にとって，さらに素晴らしい成果を出すきっかけとなるということがわかったのです。

事例⑤ 差別化しにくい士業で，申請件数を日本一へ

◆企業概要

　原田国際特許商標事務所。従業員25名。

◆事業内容

　特許申請，商標申請業務。

　特許取得率95.4%（業界平均は60%）の実績を持つ原田国際特許商標事務所は，価値貢献の姿勢を貫くことで，受注の９割を紹介が占めるほどの顧客満足度の高さです。さらなる目標に向けて取り組まれる代表の原田貴史様にお話を伺いました。

① どのように研修を取り入れたのか

　士業事務所は他所との差別化がしづらいため，強みを活かしたブランディングが必要になります。その中で当所は，全国商標登録申請数１位を目指しています。お客様からの評価もあり，昨年度の17位から実現可能な指標であると判断しました。その中で構造によって成果を出す考え方を集合型研修で学び，取り入れました。

② 得られた成果について

	2020.8	2020.9	2020.10
商標申請件数	283	384	390

　10月度には，２位に100件の差をつけて月次１位を獲得することができました。

　具体的なアクションとして，１つは業務提携先拡大の**仕組み化**，もう１つは既存客に対する**価値構造の構築**を行いました。

　まず，当所の勝ちパターンである紹介いただける提携先を増やすことです。得意としていた国際特許分野にフォーカスし，中国企業とつながりの強い大手特許事務所 2 社と新たに提携することができました。今までも提携先を広げる取組みは行ってきましたが，構造化することによってよりスムーズになりました。現在の提携先は，税理士などの他士業で100社，全部で200社あります。また，この受注増を見越し，従業員を 8 人採用するなど体制を整えました。

　既存のお客様についても，あらためてヒアリングを行いました。研修の中の「ニーズの裏のニーズ」の観点を利用し，なぜ当所に依頼してくださったのか，どんな点に価値を感じていただけたのか，しっかり分析することをプロセスに組み込みました。

　これらにより，売上は1.5倍になりました。現在は受注の 7 割が私に依存している状態のため，今後は，所内の全員がこのような営業プロセスのノウハウを蓄積できるように仕組み化していくフェーズです。

　顧客満足度の高さの秘訣は，「当たり前のことをちゃんとできる」ことでしょうか。メール返信など細かいことをいかに高い精度でできるか。説明文についても，専門用語を使わずにわかりやすく伝えることを心がけています。また，常に相手に価値貢献することも開業当時から貫いています。その積み重ねが次の依頼や紹介につながっているのではないでしょうか。

　研修の中にあった「お客様のニーズを越えたものは，付加価値ではなく無駄である」という考え方は，そのとおりだと思います。当所が提供したいものでなく，相手の本当に求めるものを正しく理解して，しっかり提供することだと思います。

　新型コロナウイルス感染症の影響については，全国的な商標申請数が前年比10%減との統計がありますが，おかげ様で当所は前年比170%となりました。非常事態だからこそ，困っている人に何ができるかを考え，得た利益をお世話になった方々に還元しました。例えば，5 月にはマスク6,000枚を，地域の保育園や取引先に無償で配布しました。お客様のおかげで当所の今があるためです。

③　今後の展開について

　今後は，全国商標登録申請数 1 位を目標に取り組みながら，海外も含め，FCのような展開も考えています。並行して，今までのノウハウをもとに，コンサルティングメニューを構築していくことに軸足を動かしており，さらなる価値貢献に取り組んでまいります。5 年後には弁理士業務の売上を上回るよう展開したいです。

　原田先生とはじめてお話したとき，特許，商標関係だけでなく，ビジネス全般に対し優れたセンスと知識の両方を持たれていることがすぐにわかりました。常に学びにも投資される中で，それでもお役に立てると思ったので，私の会社が開催するフォーラムに参加していただきました。うれしいことにすぐに成果を出され，日本一になられた時には，陰ながらとてもうれしく思っておりました。

　もともと，一流の方にとってもさらに成果を上げていただくきっかけになった事例だったと，ありがたく思っています。

＊

　ここまでお話した事例は，すべてこの本の中に書かれている内容を少し使う，もしくは少し応用したレベルでの使い方で，これだけの成果が出ています。この本に書いてあることについては，私自身もそうではあるのですが，**まだまだ取り組めていないことばかりです**。つまり，伸びしろがたくさんあるのです。

　私が考えるに，この本に載っていることを，全社レベルで，すべてできているという会社はないといっても過言ではないと思います（キーエンスを含む極少数の企業を除いて）。この本に書いてある内容から1つでも気づき，学び，実践していただければ幸いです。

おわりに

　この本を最後までお読みくださり，本当にありがとうございます。

　私が本を書かせていただく機会をいただけるなど，本当に有り難い（文字どおり）ことでした。

　私自身，経営者，コンサルタント，研修講師として活動しながらも，この本に書いた理論の実践や教育は，まだ半分もできていないのではないかと思います（それでもお客様には成果を出していただいています）。書くことによって私自身が一番の学びになり，まだまだ学びの途にあることを実感しています。

「最小の人の命の時間と資本で，最大の付加価値を創出するために」

　この本のテーマでもあるこの言葉が，日々社会で実践され続けたとしたら，世の中の働く人たちはみんな笑顔で働く時間が増えると確信しています。

　そのためには，問題を人のせいにせずに，構造によって解決するストラクチャリング思考や，そこから進化・深化した価値構築経営の構造や，さらに発展した何かを実践する必要があると思います。

　私の周りには成功している素晴らしい先達の皆様がいます。その方々には大きな特長があります。

　それは，**お金を受け取るときにありがとうと言われ，お金を払うときにありがとうと言う**のです。

　今，世の中で起きていることと逆です。通常は，お金を受け取るときにありがとうと言い，お金を払うときにありがとうと言われます。それが，この方々は逆なのです（もちろんお金を受け取られる時もお礼はおっしゃっています）。

　なぜ，そうなるか？　それは，価値を提供することでお金を受け取っているからです。その**価値のほうが，受け取る金額よりも常に大きい**のです。

　一生懸命働き，お客様へ価値提供し，こちらから利益のしっかり出る金額の

請求書を送ったら，お客様から笑顔でありがとうと言われる。

　…これ以上幸せな働き方はあるでしょうか？

　どうしたらそのように働けるのか。この本をお読みいただいたあなたであればわかると思います。常に，**価値＞価格**の状態を作り，お客様にもその価値を実感してもらうのです。

　価値構築を行うにあたって，最初の本としては内容をしっかりと詰め込んだ（詰め込みすぎ）つもりですが，まだまだお伝えし足りていない部分がたくさんあります。価値構築経営の構造とは，そのくらい奥が深く，幅広く思考し，実践することができるものです。

　この本を読んでいただいたあなたとお会いするときには，ぜひあなたが作り出した価値構造を笑顔で教えていただけたら，これ以上幸せなことはないと思います。

　そしてもし，今幸せではなさそうに働いている人がいたとしたら，少しでも力になれたらと思いますので，ご縁をいただけましたら幸いです。

　この本が，仕事もプライベートも含めて，あなたの人生を少しでも幸せなほうに向けられたとしたら，私も本当に幸せです。

＊

　本書の執筆にあたり，多大なる支援を受けました。ここに感謝を表明したいと思います。

　まず，一緒に事業を進めてくれている社員，パートナーの皆様，そして私達とともに社会に価値を示してくださっているクライアント企業の皆様。お1人おひとりのご活躍を嬉しいと思うとともに，その活躍こそがこの本で書かれた内容の価値を証明してくださっています。本当に有り難うございます。

　このコロナ禍の中，初めての執筆である私に対し，本書を出す価値を見出し，ご指導いただいた中央経済社の坂部秀治様に心からの感謝を申し上げます。

　この本を書ける状態になるまで，さまざまな苦難を一緒に乗り越え，さらに仕事で休みをとらない私が，日曜日まで執筆することになっても，私が執筆に専念できるようにしてくれていた，妻，優へ，本当に有り難う。

　いつも帰ってこない父が，帰ってきても遊ばないのを許してくれていた子どもたち，本当に有り難う。この本は3人の生きる社会を少しでも生きやすくすることを願って書きました。大人になったら読んでね。

　そして，今に至るまで大した親孝行ができていない私を，生み，育て，そして今も見守ってくれている両親に，心からの感謝を申し上げます。

　2021年6月

田尻　望

《著者紹介》

田尻　望（たじり　のぞむ）

京都府長岡京市生まれ。大阪大学基礎工学部情報科学科にて，情報工学，プログラミング言語，統計学を学ぶ。2008年卒業後，株式会社キーエンスにてコンサルティングエンジニアとして，重要顧客を担当。大手システム会社の業務システム構築支援をはじめ，年30社に及ぶシステム制作サポートを手掛けた経験が，「最小の人の命の時間と資本で，最大の付加価値を創出する」ミッション，世界初のイノベーションを生むコンサルティングセールス，ファクトベースでの高収益コンサルティングの基礎となっている。その後，企業向け研修会社の立ち上げに参画し，独立。年商10億円～1,400億円規模の経営戦略コンサルティングなどを行い，2か月で6,000万円の利益改善といった企業を次々と輩出。社会変化に適応した企業の長期的発展を目指す。また，自身の人生経験を通じて人が幸せに働くことを追求，エネルギッシュでありながら親しみのある明るい人柄で，大手企業経営者から慕われている。私生活では3人の子を持つ父親でもある。

【連絡先】
株式会社カクシン
TEL：03-6869-5741
e-mail：tajiri@srv-lab.co.jp

構造が成果を創る
―価値を構築するストラクチャリング思考と手法

2021年8月10日　第1版第1刷発行
2024年10月30日　第1版第7刷発行

著　者　田　尻　　　望
発行者　山　本　　　継
発行所　㈱中　央　経　済　社
発売元　㈱中央経済グループ
　　　　パ ブ リ ッ シ ン グ

〒101-0051　東京都千代田区神田神保町1-35
電話03（3293）3371（編集代表）
　　03（3293）3381（営業代表）
https://www.chuokeizai.co.jp
印刷／東光整版印刷㈱
製本／侑井上製本所

© 2021
Printed in Japan

＊頁の「欠落」や「順序違い」などがありましたらお取り替えいたしますので発売元までご送付ください。（送料小社負担）

ISBN978-4-502-39171-2　C3063